홈런 치는
마케팅

롯데 자이언츠 야구에서 배우는
홈런치는 마케팅

초판 1쇄 인쇄일 2011년 6월 15일
초판 1쇄 발행일 2011년 6월 20일

지은이 양광영, 강서윤

담당편집 양춘미, 박신정
마케팅 안여진
디자인 [★]규_01191591016

소란

주소 서울 종로구 청운동 114-1번지 4층
전화 02-357-5885
팩스 02-359-5885
이메일 info@knpbooks.co.kr
홈페이지 www.knpbooks.co.kr

발행처 케이앤피북스
발행인 심상호
등록번호 제311-2007-04호

ⓒ케이앤피북스(2011)
ISBN 978-89-6420-022-3(03320)

소란은 케이앤피북스(K&P Books)의 단행본 브랜드입니다.

※ 본 도서 본문에 사용된 사진들은 저작권 허락을 받고 출처를 남긴 것이지만 몇몇 사진들은 저작권자를 찾기 어려워 출처만 남겨두었습니다. 추후 확인되면 협의하여 처리하겠습니다.

롯데 자이언츠 야구에서 배우는

홈런 치는 마케팅

| 양광영·강서윤 지음 |

PROLOGUE

야구가 대세다. 원정 첫 16강을 달성했던 2010년의 월드컵 시즌에도 야구 열기는 식을 줄 몰랐다. 2010년 5월 프로야구 누적 관중수는 1억 명을 돌파하였고 2011년 개막전은 4개 구장 모두 매진되었으며, 600만 관중 돌파 목표에도 순조롭게 다가서고 있다. 제9구단 창단 확정에 이어 10구단 창단 검토도 하고 있다.

불과 몇 년 전만 하더라도 프로야구는 가끔 해외대회에서 믿기지 않게 좋은 성적을 거두는 종목 중 하나일 뿐이었다. 80년대 고교야구 전성기를 지나 90년대 정치적 계산이 깔린 프로야구 붐업 이후 시들해진 프로야구가 최근 들어 다시 전성기를 맞은 이유는 무엇일까? 이는 '야구' 그 자체만이 아닌 야구 외적인 부분을 주목해보아야 한다.
1군 리그 구단 수가 고작 8개인 야구 약소국 한국이 2006년 WBC에서는 일본을 두 번이나 꺾고, 메이저리거들이 가득한 멕시코도 이겼으며, 야구 종주국이라 불리던 미국을 상대로도 승리했다. 2008년에는 베이징 월드컵에서 전승 우승하기도 했다. 이런 분위기에서 8888577로 설명되는 롯데 자이언츠는 부진의 늪에서 빠져나오며 2008, 2009, 2010년 3시즌 연속으로 가을 야구에 진출하였다.

우리는 1999년 외환 위기, 2007년 글로벌 유동성 위기 등을 겪으면서 'Globalization'이

하나의 트렌드가 아니라 이미 현실이 되었다는 것을 느꼈다. 코스피 지수 전망에서 외국인 매매 동향이 빠지지 않고 등장할 정도로, 국내의 경제 여건은 대내 여건보다는 대외 여건에 의존하고 있는 것이다. 비단 경제뿐 아니라, 사회 문화적으로도 글로벌 현상은 점점 가속화될 전망이다. 최근에는 글로벌 신용 위기로 'De-Globalization'을 이야기하기도 하지만 글로벌 현상이 계속 이어질 거란 예측에는 모두 의심하지 않는다.

불과 10년 전만 해도 우리나라의 모든 경제주체(가계, 기업, 정부)는 국내 경제 여건만을 고려하여 경영전략을 수립하였고 사실상 이는 비현실적이었다. 한 기업이 경영전략을 수립할 때 수많은 변수를 고려해야 한다. 또한 이런 점은 야구와 상당히 닮아 있다. 야구는 스포츠이므로, 당연히 선수들의 역량이 팀의 승리와 가장 밀접하게 연관되어 있다. 좋은 선수를 보유한 팀은 승리할 가능성이 높다. 하지만 좋은 선수만으로 야구경기에서 승리를 할 수 있는 것은 아니다. 선수들의 당일 컨디션, 날씨, 바람, 관중들의 응원(우리나라 야구 응원은, 특히 롯데의 응원은 세계적인 주목을 받고 있다), 그라운드 상태, 야구장의 크기, 펜스높이, 파울지역의 넓이, 외야관중의 파울볼 캐치 등 승패에 영향을 미치는 부분이 너무 많다. 따라서 감독은 매 이닝 순간순간 바뀌는 환경과 게임의 흐름을 따라 전략을 수정해야 한다. 투수운영뿐 아니라, 수비위치, 타순, 상대방의 투수교체 시기 등등

시시각각 변하는 야구흐름에 맞게 전략을 변경해야 하는 감독의 위치는 글로벌 경제를 살아가는 경영자와 비슷하다. 그리고 변하는 환경에 발맞추어 따라가야 하는 선수들처럼 현대사회를 살아가는 직장인도 변하는 주위 환경에 무뎌져서는 안 된다. 경영과 야구, 이것은 둘이 아니라 하나이다.

이 책을 쓰는 동안 프로야구에도 많은 일이 생겼다. 기록을 끊임없이 만들어갈 것 같던 양준혁이 은퇴를 하였고, 2010년 SK가 싱겁게 우승을 거머쥐었으며, 스캔들로 그라운드가 얼룩지기도 했다. 그럼에도 불구하고 야구는 계속되고 있다.

한 순간이라도 놓칠 수 없이 긴박하게 진행되는 경기가 있는가 하면 맥없이 승부가 결정 나버린 경기도 있다. 연장 역전승의 짜릿함이 있기도 하고, 어이없는 실수로 승리를 내주는 경기도 있다. 어떤 경기든지 마케터, 경영자, 관리자라면 이러한 야구 안에서 반드시 배울 점이 있다. 특히 롯데 자이언츠의 야구는 그들이 어떤 성적을 내든지 관중들을 야구장으로 불러 모으는 힘을 가지고 있다. 따라서 이 책에서는 이 점에 주목하여 기업에서 고민하는 여러 가지 문제에 대한 해답을 찾을 수 있도록 마케팅 팁을 담았다.

책에 도움을 주신 야구 구단 관계자 여러분께 이 지면을 빌어 깊은 감사를 드린다. 이 책을 쓸 수 있도록 영감을 주신 모든 야구 선수들에게도 무한한 감사를 보내며, 모든 선수들이 겨울 내내 흘린 땀이 녹색 그라운드 위에 후회 없이 펼쳐보일 수 있도록 부상 없는 시즌을 치르기를 기원한다.

양광영, 강서윤

CONTENTS

015 | 1회초 클린업 트리오는 Rising Star이다

지지 않는 야구와 이기는 야구 | 우리들의 Rising Star | BCG매트릭스로 본 롯데 타자들 | Rising Star를 어떻게 키워낼 것인가! | Question Mark는 오른쪽으로 Cash Cow는 위쪽으로

● BCG매트릭스를 적절히 활용하라

030 | 1회말 막강 원투펀치는 승률 5할의 필수조건

선발투수는 외롭다 | 선발투수는 핵심사업이다 | 야구는 투수놀음이다

● 산업의 S커브를 극복하라

045 | 2회초 분홍색 유니폼이 부끄러운 두산곰

야구 팬의 마음을 흔드는 유니폼 | 여성의 감성을 자극하는 것, 스토리 | 여성 마케팅은 틈새시장이 아니다

● 여성 마케팅이라고 해서 분홍색을 칠하지 마라

054 | 2회말 밀리터리 유니폼을 입은 갈매기

밀리터리 유니폼에 담긴 스토리 | 디자인과 의미, 그리고 스토리

● 제품에는 스토리가 있어야 한다

067 | 3회초 실책으로 내준 점수는 게임의 흐름을 뒤바꾼다

실책은 언제나 뼈아프다 | 실수를 줄이는 것은 연습 | 품질경영 식스시그마 | 애니콜 화형식

● 스마트하게 식스시그마를 이용하라

079 | **3회말** 안타보다 밀어내기 실점이 더 뼈아프다

타격은 두려움이다 | 실패를 통해 성장한다 | 혁신을 하지 않는 쪽이 더 위험하다

● 혁신과 기업가정신을 잊지 마라

091 | **4회초** 가격전략을 세울 때는 박스석, 지정석, 외야석을 생각하자

특별석 가격만 오른 이유 | 기업에게 적절한 마진과 고객에게 어필하기 위한 균형감각 | 좋은 품질과 낮은 가격, 물과 기름을 섞는 비법

● 가격전략에 총력을 기울여라

101 | **4회말** 익사이팅 존은 원래 불펜자리였다

관람석에 앉아서 보는 야구, 그 이상의 가치 | 우리는 모두 숨겨진 보물을 가지고 있다

● 숨은 자산을 찾는 노력이 필요하다

115 | **5회초** 우천 세레모니는 역전홈런보다 관중을 감동시킨다

비에 젖은 마음을 달래는 슬라이딩 | 위기상황일수록 고객에게 집중하라 | 고객을 위해 끝까지 가자

● 고객만족 시대에서 살아남아라

126 | **5회말** 선발·중간계투·마무리의 역할

역할을 구분 지을 필요가 없다 | 최소 원소가 성장을 결정한다 | 그대로 방치하면 안 되는 깨진 유리창

● 부족한 것은 채우고 깨진 것은 수리하라

139 | **6회초** 주황색 봉지는 쓰레기 봉지라고요

주황색 봉지는 '넛지'다 | 주황색 봉지는 '그린'이다

● 마케팅에 그린을 입혀라

148 | **6회말** 투수교체는 감독의 감으로 하는 것이 아니다

투수교체 시기의 민감한 문제 | 데이터분석은 비즈니스 의사결정의 수단일 뿐, 목적은 아니다

● 데이터 분석은 현장에서 하라

159 | **7회초** 잘 되면 투수탓, 안 되면 포수탓?

포수는 투수 다음으로 중요한 존재다 | 안방마님 포수 | 2002년 뜨거웠던 여름, 히딩크 리더십 | 포수는 그라운드의 CEO

● CEO의 역할은 아무리 강조해도 지나치지 않다

170 | **7회말** 혜성 같이 등장한 선수라고요?

인재는 뽑는 것보다 키우는 것이 중요하다 | 플래툰 시스템은 경쟁을 통해 팀을 강하게 한다 | 메기론은 기업의 혁신과정에 그대로 적용된다

● 우수 인재를 전략적으로 관리하라

181 8회초 **부산갈매기를 부르면 비록 경기에 져도 행복하다**

롯데는 자이언츠? 갈매기? | 강력한 팬을 만드는 것
● 마케팅의 궁극은 브랜딩이다

192 8회말 **'아주라'로 키워가는 다음 세대 롯데팬**

"마"는 임팩트가 있다 | '아주라'는 파울볼을 '아(아이)에게 주라(주어라)'는 뜻이다 | 미래의 고객층을 확보하라 | 어린이의 부모를 고객으로 삼자
● 어린이 고객을 잡아라

205 9회초 **선수들의 불안은 즉시 성적으로 이어진다**

돌아오지 않는 2루 주자 | 일하기 좋은 기업이 성과가 높다 | 일하기 좋은 기업은 재밌다
● 일하기 좋은 기업을 만들라

214 9회말 **한 번 만들어진 선수들의 이미지**

임경완이 임작가로 주홍글씨를 달던 그날 | 브랜드 이미지는 돋을새김 | 돋을새김을 오목새김으로 바꾸는 것은 끊임없는 노력
● 브랜드 이미지가 승부를 좌우한다

사람은 버리는 게 아니다.
지금 당장 실력이 모자라더라도
끝까지 그 선수가 가진 잠재력을 이끌어내야 한다.

김성근

클린업 트리오는 Rising Star이다

🟠 지지 않는 야구와 이기는 야구

　야구에 있어서 공격팀의 목적은 타자를 주자로 만들고, 그 주자를 진루시켜 점수를 내는 것이다. 반면 수비팀의 목적은 상대팀의 타자가 주자가 되는 것을 막고, 주자가 되었을 때는 그 진루를 막아 점수를 내지 못하도록 하는 것이다. 이렇게 각 팀은 상대팀보다 많은 득점을 얻어 승리하는 것을 목적으로 한다. 이것은 한국야구위원회의 야구 규칙에 나와 있는 '팀의 목적'이다. 즉, 야구는 점수를 내야만 이길 수 있다.
　좋은 투수를 보유하고 있으면 많은 실점을 하지 않는다. 반대로 좋은 타자를 보유하고 있으면 많은 득점을 할 수 있다. 이것이 '지지 않는 야구'와 '이기는 야구'의 차이점이다. 이 둘은 비슷한 말처럼 들리지만 경기를 운용하는 전략에서 확연히 다른 모습을 보여준다.

롯데의 로이스터 감독은 '이기는 야구'를 하는 쪽이다. 그래서 타자들이 헛스윙으로 삼진을 당하면 공격적인 자세라고 칭찬을 하고, 루킹 삼진looking strikeout을 당하면 혼을 낸다. 루킹 삼진은 투 스트라이크 상태에서 이후 스트라이크 존으로 들어온 공을 치지 못하고 눈으로 보기만 했을 때 당하는 아웃이다. 즉 날아오는 공을 타자가 제대로 보지 못하고 스윙조차 하지 않은 경우이기에 감독 입장에서는 헛스윙 삼진보다 더 화가 날 수밖에 없다.

사실, 타자의 공격적인 자세는 상대 선수에게 매우 큰 부담감을 준다. 가르시아●의 큰 헛스윙도 지켜보는 관중의 입장에서 보면 빈틈투성이지만, 상대 투수에게는 '잘 맞으면 큰 홈런이 된다.'라는 두려움을 줄 수 있다. "점수를 많이 줘도, 점수를 더 많이 내면 이기는 게 야구다."라는 것이 로이스터 감독의 야구철학이며, 이것이 롯데 야구가 재미있는 이유다.

그렇다면 이기는 야구는 어떻게 하면 될까? 이기는 야구의 핵심은 3번, 4번, 5번 클린업 트리오cleanup trio에 있다. 팀의 중심타자인 클린업 트리오가 타석에 들어서기 전에 나오는 1번, 2번 타자는 테이블 세터table setter라

● 카림 가르시아Karim Garcia : 제리 로이스터Jerry Royster 감독과 함께 2008~2010 시즌을 롯데에서 보낸 멕시코 출신 용병선수

고 부른다. 즉 1, 2번 타자는 밥상을 차리는 역할이고, 3, 4, 5번 타자는 주자를 불러들여 득점을 하는 역할이기 때문에 각각 테이블 세터, 클린업 트리오라는 별명이 붙여졌다.

투수가 던지는 모든 공이 의미가 있지만, 그 중에서 가장 의미 있는 공은 바로 '초구'다. 칠 테면 쳐보라는 식으로 한가운데 직구를 꽂아 넣었다면, 초반 주도권은 투수가 가져간다. 그래서 팀의 1번 타자는 초반 주도권 싸움의 선봉장인 셈이다. 그래서 감독은 발이 빠르고 선구안이 좋으며 승부근성이 강한 선수를 1번 타자로 기용한다. 전준호*, 김응국, 정수근, 김주찬 등이 대표적인 1번 타자이며 이들은 모두 발이 빠르고 투수의 수를 읽는 능력이 뛰어난 선수들이다. 감독은 이러한 1번 타자에게 타점**이 아닌 득점***을 기대한다. 만약 발 빠른 1번 타자가 1루로 진루하게 되면 감독은 다양한 작전구사를 할 수 있다. 공격패턴이 다양해지는 만큼 수비는 어려워질 수밖에 없다. 즉, 공격팀이 점수를 낼 확률은 높아지게 된다.

2번 타자의 전통적인 역할은 1루 주자를 2루 스코어링 포지션 Scoring position

---

* 전준호 선수는 통산 도루 550개로 1위, 출장경기는 2,091게임으로 양준혁에 이어 2위의 대기록을 가진 대표적인 톱 타자이다. 2천여 게임을 뛴 선수가 통산 타율 0.291, 통산 출루율 0.375의 기록을 가진 것도 대단한데 병살타는 고작 54개밖에 없다. 롯데의 대표 프랜차이즈 스타였지만 1997년 현대 유니콘스로 트레이드되었고, 2009년 시즌을 마지막으로 은퇴하였다.

** 타자의 타격으로 얻은 점수. 주자 2, 3루 상황에서 안타를 쳐서 주자가 모두 득점하였다면 타점은 2점이 된다.

*** 주자가 홈플레이트를 밟은 횟수. 홈으로 들어오기 위해서는 우선 진루를 하는 것이 선행되어야 한다.

으로 보내어 3, 4, 5번의 클린업 트리오에게 연결해주는 것이다. 최근 2번 타자들은 단순히 1루 주자를 2루에 보내는 역할이 아니라, 상황에 따라 테이블 세터나 클린업 트리오 두 역할을 동시에 수행하는 역할로 바뀌고 있다.

테이블 세터진이 스코어링 포지션에 있다면, 팀의 중심타선인 클린업 트리오는 비로소 제 실력을 발휘할 수 있다. 감독, 팬, 선수 등 야구를 지켜보는 모든 사람들은 클린업 트리오에게 '안타'나 '홈런'을 바라게 된다. 물론 그 순간, 덩치 큰 4번 타자의 루킹 삼진은 보는 이들 모두를 절로 한숨짓게 만들지만, 공이 배트의 중심에 맞는 경쾌한 소리는 저절로 박수가 나오게 만든다. 안타치는 소리는 언제 들어도 황홀하다.

우리들의 Rising Star

2010년 이대호는 데뷔 10년 만에 최고의 해를 맞이하였다. 2006년에 트리플크라운*을 달성하고도 시즌 MVP를 놓쳤던 아쉬움을 한풀이하듯, 2010년에는 도루를 제외한 모든 부문**에서 1위로 시즌을 마감하였다.

●
타율, 홈런, 타점 등 3개 부문의 1위를 차지함. 2006년 이대호의 트리플크라운은 1984년 이만수 이후 22년 만의 일이었다.

●●
타율, 홈런, 안타, 타점, 득점, 장타율, 출루율 7개 부문

7관왕 1위도 부족했던 것일까? 9경기 연속 홈런이라는 세계기록까지 세웠다. 130kg이 넘는 거구의 몸에서 나온 것이라고는 믿기지 않는 유연한 스윙과 '수비요정'이란 별명이 붙여질 정도로 깜짝 놀랄 만한 내야수비를 하는 이대호는 클린업 트리오의 정석이다.

　2010년 두산과 롯데의 준플레이오프를 떠올리면 아픈 상처를 들추어 내는 것 같지만, 2차전에서 보여주었던 이대호의 홈런은 팀의 중심타자의 모범답안을 썼다고 해도 과언이 아니다.

　1:1로 맞선 연장 10회초 1사 2루 상황, 두산의 김경문 감독은 그날 타격감이 좋았던 조성환을 고의사구로 보내고 부상으로 컨디션이 좋지 않았던 4번 타자 이대호와 정면승부를 선택하는 초강수를 두었다. 이대호의 상대 투수로는 9월 29일 전날 롯데 전준우에게 뼈아픈 역전홈런을 내주었던 정재훈을 택했다. 매번 고의사구의 대상이 되는 이대호였건만, 조성환보다 본인이 상대하기 쉽다고 평가받은 것이 적잖이 자존심 상했던 모양이다. 이대호는 타석에 나가기 전에 홍성흔에게 이런 말을 했다고 한다.

　"행님 기분이 별로 안 좋네예, 홈런 하나 치고 오께예."

　그리고 그 말처럼 정재훈의 떨어지는 공을 그대로 받아 올려 3점 홈런을 만들어냈다.

　팀의 중심타자는 점수가 필요할 때 점수를 내서 팀을 승리로 이끄는 역할을 해야 한다. 그래서 팀의 중심타선은 Rising Star여야 한다.

BCG매트릭스로 본 롯데 타자들

　기업에서 수행하는 여러 가지 사업을 전략적으로 평가하고 싶을 때, 일반적으로 BCG^{Boston Consulting Group}매트릭스를 사용한다. BCG매트릭스는 1970년대에 보스턴 컨설팅 그룹에서 개발한 것으로, 기업경영전략 수립에 기본적인 분석도구로 활용되는 사업 포트폴리오 분석기법이다. 한 평면 위에 가로축을 시장점유율, 세로축을 성장률로 사업별 좌표를 잡은 후, 각 사업의 매출액을 지름으로 하여 동그라미를 그려 파악한다.

	성장률	
	? Question Mark	Rising Star
	Barking Dog	Cash Cow
		시장점유율

BCG매트릭스

　기업에서 BCG매트릭스를 그리는 이유는 간단하다. 기업이 가진 자원은 한정되어 있으므로 자원을 가장 효율적인 사업에 투자하기 위해서다. 그런데 시장점유율도 높고 성장율도 높은 Rising Star 영역의 상품은 야구 구단에도 적용될 수 있다. 구단이 가진 예산범위 내에서 선수들의 연봉과 각종 운영비용을 적절히 배분해야 하기 때문이다. 그럼, 롯데 타자들을 떠올리며 BCG매트릭스를 한번 그려보자.

우선, BCG매트릭스의 가로축인 시장점유율은 타율에 가깝다. 물론 약간의 변형이 필요하다. 시장점유율은 우리 사업이 어떤 시장에서 얼마만큼의 영역을 가지고 있는지를 계산하는 것이니, 최근 3년간 롯데의 타점합계를 분모로, 각 선수들의 타점을 분자로 하면 시장점유율과 비슷한 개념이 된다. 세로축인 성장률은 출루율과 비슷하다고 볼 수 있다. 앞서 말한 바와 같이 타자의 목적은 일단 주자가 되는 일이다. 따라서 타자가 주자가 된 비율을 나타내는 출루율이 BCG매트릭스의 Y축 성장률과 대응이 될 것이다.

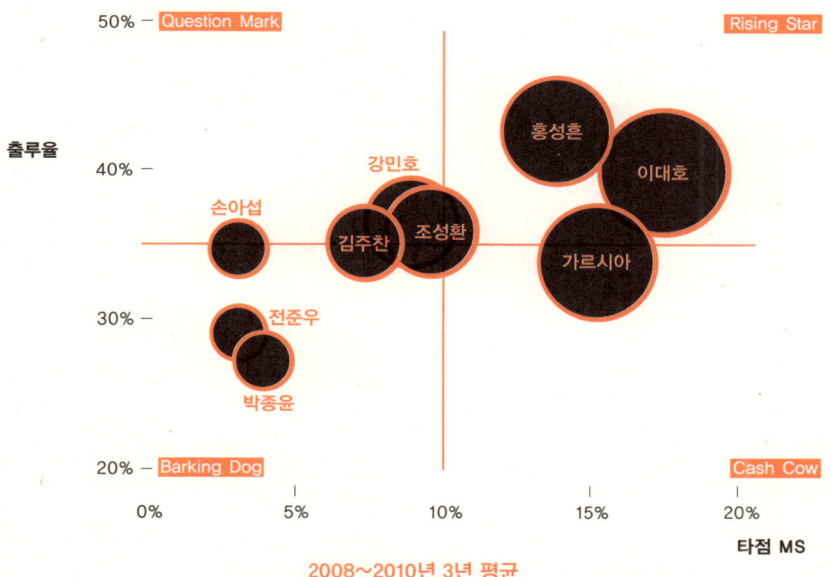

2008~2010년 3년 평균
(홍성흔의 경우 2009년에 롯데에 이적했기에 2년 평균으로 계산/출처: www.statiz.co.kr)

이런 식으로 BCG매트릭스를 그려보면 역시 이대호, 홍성흔, 가르시아 등 클린업 트리오가 우상단 Rising Star의 자리에 있음을 알 수 있다. 타점과 출루율로 야구선수를 평가해서 BCG매트릭스를 그리다 보면 수비에서의 공헌도가 평가절하된다. 그래서 앞의 그림만 놓고 보면 강민호가 Question Mark이고 김주찬이 Barking Dog이라는 받아들이기 힘든 결과가 나온다. 그렇기 때문에 기업에서도 BCG매트릭스를 그릴 때 상당한 주의가 필요하다.

X축 MS는 절대적인 시장점유율이 아니라 상대점유율을 써야 한다. 상대점유율이란 자신의 회사 상품, 서비스의 시장점유율을 가장 큰 경쟁상대의 시장점유율로 나눈 값이다. 즉, 자신의 회사 상품 점유율이 30%이고, 경쟁사의 상품 점유율이 40%일 경우, 상대점유율은 30%÷40%=0.75가 되고, 경쟁사의 점유율이 20%라면, 30%÷20%=1.5가 된다. 눈치 빠른 사람이라면 짐작했겠지만, BCG매트릭스의 오른쪽 열과 왼쪽 열을 구분짓는 경계선은 1이 되는데 X축인 상대 MS가 1보다 크다는 것은 우리 회사의 시장점유율이 경쟁사의 시장점유율보다 높다는 뜻이다. 즉 회사에서 역량을 쏟아부을 만한 가치가 있는 사업이라는 것을 의미한다. 또, Y축인 성장률은 과거 성장률의 평균을 내는 것이 아니라 미래의 기대 성장률로 판단해야 한다. 앞의 그림에서는 2008~2010년 과거 데이터의 평균을 썼기 때문에 전준우가 Barking Dog으로 가버렸다. 하지만 2010년의 가장 큰 성과는 전준우의 재발견 아닌가! 이처럼 기업에서도 성장률에는 미래에 대한 가치가 고려되어야 한다.

🔴 Rising Star를 어떻게 키워낼 것인가!

BCG매트릭스를 그리는 이유는 사업 포트폴리오를 전략적으로 만들기 위해서다. BCG매트릭스를 잘 그렸다고 좋은 상품 및 서비스 전략이 나오는 것이라 착각하면 안 된다. 프로야구 구단에서 클린업 트리오를 어떻게 길러낼지 고민하는 것과 마찬가지로 마케터는 늘 Rising Star를 어떻게 만들어낼 것인지 고민해야 한다.

물론, 혜성과 같이 나타난 신인이 클린업 트리오 자리를 꿰차면서 단번에 스타가 될 수도 있다. 하지만 역대 최초이자 유일하게 신인왕과 타격왕을 동시에 거머쥐었던 양준혁이나 살아 있는 야구의 전설 이종범 선수 같은 Rising Star가 탄생하는 것은 사실상 쉽지 않다. 그리고 그 스타가 우리팀으로 온다는 보장도 없다. 그렇기 때문에 Question Mark에 있거나 Cash Cow에 있는 선수를 Rising Star로 만들어야 한다.

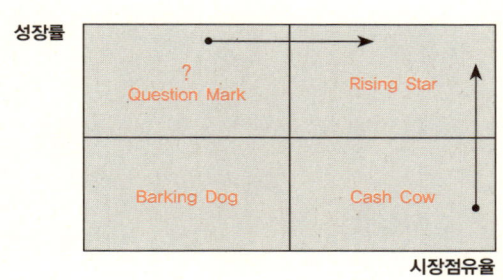

BCG매트릭스

야구에서 코치들은 선수의 특징에 따라 알맞은 훈련을 시킨다. 공을 맞히는 능력이 뛰어나지만 힘이 부족한 선수는 근력훈련을 시키고, 힘은 세지만 유연성이 부족하거나 선구안이 부족한 선수는 근성을 키우는 훈련을 시킨다. 즉, 기업에서도 Rising Star를 만들기 위해서는 Question Mark에 있는 사업의 시장점유율을 올리기 위한 전략을 세우거나, Cash Cow에 있는 사업의 새로운 성장을 모색하는 전략을 구사해야 한다.

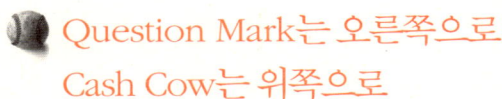 Question Mark는 오른쪽으로 Cash Cow는 위쪽으로

Question Mark에 있는 상품이라면, 시장점유율을 높일 방안을 강구해야 한다. 하지만 Question Mark 영역에 있는 상품의 시장점유율을 높이는 것은 인디밴드가 메이저 가요 시장에서 성공하는 것만큼 어렵다. "싸구려 커피를 마신다~"라며 노래하던 장기하의 독특한 보이스와 가사가 대중의 사랑을 받을 수 있을 것이라고 그 누구도 예측하지 못했다. 그렇다면 '장기하와 얼굴들'이 속한 붕가붕가 레코드의 사장은 어떤 전략이었을까?

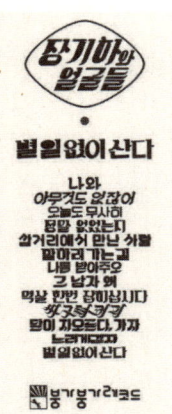

장기하와 얼굴들 1집(출처: 장기하와 얼굴들 블로그)

그는 "우리는 일보 전진을 위해 일보후퇴가 아닌 반보후퇴를 한다."라고 말했다. 붕가붕가 레코드의 사장이 말하는 반보후퇴란 실패를 두려워하지 않고 끊임없이 시도한다는 의미다. 하나의 인디밴드를 알리려고 노력하는 것보다 여러 개의 밴드를 키우다 보면 '장기하와 얼굴들' 같이 대중적으로 성공하는 밴드가 탄생한다는 것이 그의 전략이었던 셈이다.

Question Mark는 말 그대로 물음표다. 원래부터 정답이 없던 사업이었고 상품이었으며, 노래였고 서비스였다. 어떤 게 성공의 열쇠가 될지 모르기 때문에 이 영역의 상품과 서비스를 바라볼 때는, 늘 반보후퇴를 생각해야 한다.

2006년 당시는 나승현, 한기주, 유원상이 고교야구 빅 3로 촉망받던 때였다. 류현진이 고등학교 2학년 때 인대접합 수술을 받았다는 점이 마음에 걸렸던 것일까 롯데는 류현진 대신 나승현을 선택했다. 류현진이 이 3명에 가려 빛을 보지 못했던 점도 나승현 선택에 한몫했을 것이다. 하지만 아무리 촉망받는 유망주라도 고교야구 시장에서 통하는 이야기이지, 프로야구 시장으로 오면 달라진다. 그렇기 때문에 류현진도, 나승현도 프로야구 시장에서는 Question Mark일 수밖에 없다.

나승현이 고교시절 어깨를 혹사했기 때문에 프로야구로 옮기면서 빛을 발하지 못했을 수도 있지만 분명한 것은 한화에서는 Question Mark였던 류현진을 Rising Star로 훌륭하게 키워냈다. 과연 류현진이 롯데로 왔다면 지금의 류현진과 같은 Rising Star가 되어 있을까!

그렇다면 Cash Cow 영역의 상품은 어떻게 해야 할까? 이 영역에 속해 있다면 시장의 성장을 재견인할 수 있는 방안을 모색해야 한다. 오리온제과, 롯데제과 등 제과업은 전통적으로 Cash Cow 영역에 들어간다. 과자시장이 이미 성장할 만큼 성장했다는 데에는 큰 이견이 없다. 하지만 전통적인 Cash Cow 제과업에서도 Rising Star를 만들어낸 사례가 있다. 따라서 우리는 이점을 주목해야 한다.

오리온제과는 닥터유, 마켓오 등 유기농 프리미엄 브랜드로 과자업계에 새로운 시장을 만들었다. 정(情)을 나누는 '초코파이'는 마켓오의 '리얼 브라우니'로 다시 태어났고, 한때 다이어트 제품으로 큰 사랑을 받았던 '참크래커'는 '워터크래커'로 재탄생했다. 기존 상품에 웰빙 콘셉트를 더해 다른 시장을 만들어서 새로운 Rising Star를 탄생시킨 것이다.

Rising Star를 만들 수 있는 방법은 제품 패키징을 변화시켜보는 것이다. 많은 기업들은 제품을 만드는 데는 각고의 노력을 쏟고 있지만, 제품 패키징에는 상대적으로 소홀하기 쉽다. 현재 Cash Cow의 제품을 찬찬히 살펴보고 패키징을 다시 할 수 없는지 생각해보는 것도 Rising Star를 키워내는 방법 중 하나다.

츄우세이 정육점

도쿄의 정육점 츄우세이는 냉장고 유리를 투명하게 바꿔 고기들이 예술품처럼 전시되도록 하였다. 정육점 하면 떠오르는 붉은 조명과 부위별로 놓여진 육류진열대와는 완벽히 다른 이미지다. 고객들은 츄우세이에서 예술작품을 감상하듯 쇼핑을 한다.

　패키지와 디스플레이는 제품의 '첫인상'이다. 사람의 86%가 첫인상만으로 사람들을 판단한다는 통계조사도 있듯, 우리 제품이 잘 팔리게 하기 위해서는 패키징에 조금 더 신경을 쓸 필요가 있다.

　그러므로 우리는 새로운 Riging Star를 만들기 위해 감각을 키워야 한다. 상대 투수가 타순만 봐도 두려워하는 클린업 트리오가 팀의 성장을 견인하듯 기업에서도 Rising Star 사업이 현재의 성장과 미래의 지속가능성을 보장하기 때문이다.

BCG매트릭스를 적절히 활용하라

BCG매트릭스는 보스턴 컨설팅 그룹에 의해 1970년대 초반 개발된 것으로, 기업 경영 전략 수립 과정에 있어 활용되는 사업 포트폴리오 분석기법이다. 사업의 성격을 단순화, 유형화하여 어떤 방향으로 의사결정해야 할지 명쾌하게 얘기해주기도 하지만, 사업의 평가 요소가 상대적 시장점유율과 시장성장율뿐이라 지나친 단순화의 오류에 빠지기 쉽다는 단점도 있다. 그럼에도 이러한 분석 프레임을 기업에서 활용하는 이유는 '한정된 자원의 효율적 배분' 때문이다. 따라서 경제 원론의 맨 앞단에서 가장 자주 등장하는 표현이 바로 '자원의 희소성'이다.

경제활동 주체들은 그 욕구에 비해 그를 충족시켜주는 수단인 자원이 상대적으로 부족하다. 이 때문에 근본적인 경제 문제가 생긴다고 판단한다. 또한 '최소의 자원으로 최

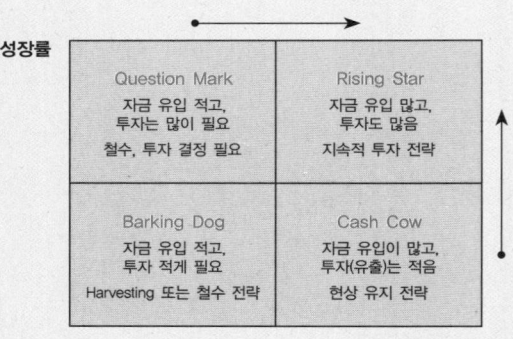

BCG매트릭스를 통한 투자 전략

대의 효과를 내야하는 게 바로 경제다'라는 사고를 가지고 있다. BCG매트릭스는 이런 경제 원리에 매우 충실의 분석틀로 이해하면 된다.

또한 2×2 매트릭스는 히틀러가 인사 정책에 사용했던 매트릭스로도 유명하다. 똑똑함과 부지런함을 X, Y축에 두고 매트릭스를 만들어 4가지 유형을 구성하는 것이다. 그래서 똑부(똑똑하고 부지런한 사람), 똑게(똑똑하고 게으른 사람), 무부(무식하고 부지런한 사람), 마지막으로 무게(무식하고 게으른 사람)의 조합을 만들었다. 물론 히틀러의 친위대는 '똑부'로 분류된 그룹이었을 것이고 그들이 측근 역할을 했다.

물론 직장에서도 이러한 유형 분류를 많이 한다. 특히 리더십 관련 상사의 유형 분류 시 자주 활용하는데, '무부(무식하고 부지런한 상사)' 유형을 가장 위험한 상사로 본다. 역량 없는 리더가 쓸데없이 부지런했을 경우 조직원들은 수시로 "이 산이 아닌가봐!" 하는 경우가 많이 늘어나며, 그때마다 그 조직은 많은 자원을 낭비할 수 있기 때문이다.

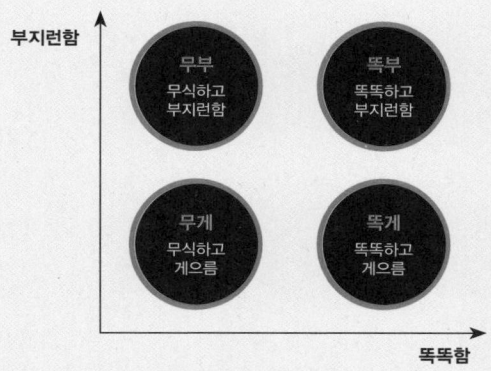

1회말

막강 원투펀치는
승률 5할의 필수조건

🥎 선발투수는 외롭다

　먹을 것도, 입을 것도 풍족하지 않았던 1970~1980년대는 동네 아이들이 밀가루 포대를 가지고 글러브를 만들어 야구를 하던 시절이다. 밀가루 포대 글러브는 공을 몇 번 주고받다 보면 금방 찢어지게 마련이지만 그마저도 귀했다. 그래서 그때는 글러브 하나만 가지고 있으면 동네야구에서 투수와 4번 타자 자리를 당당히 차지할 수 있었다. 2003년 두산이 개막전 행사로 입장관중에게 5천개의 글러브를 무료로 나눠줬던 것을 생각해보면 격세지감을 느낀다.

밀가루 포대 글러브로 야구를 하던 동네 아이들이나, 프로선수급의 최신장비를 갖추고 사회인 야구에 빠져 있는 어른들이나 모두 투수를 하고 싶어 한다. "내 공을 칠 테면 쳐봐."라며 가장 빠른 직구를 던졌을 때, 방망이 한번 휘둘러보지도 못하고 멍하니 서 있는 타자를 상상하면 그 순간만큼은 자신이 최동원이고 선동렬이 된 것 같다.

투수는 야구의 절반 이상을 차지하는 포지션이다. 투수가 공을 던질 때는 수비를 하는 입장이지만 투수는 진정한 공격자의 입장에 있다. 게임을 인플레이시키는 주인공이며, 자신의 의도나 능력에 따라 게임을 좌지우지할 수 있다. 투수는 본인이 할 수 있는 한, 원하는 방향으로 원하는 시기에 공을 던질 수 있다. 정작 공격 위치에 있는 타자는 투수의 피칭에 반응할 뿐이다.

하지만 최고 인기 포지션 투수는 참 외로운 자리이기도 하다. 야구장의 가장 높은 자리*에 서 있지만 모든 스포트라이트를 받는 반면 모든 비난의 화살도 받는다. 투수는 팔을 어깨 위로 올려서 팔꿈치를 바깥쪽으로 굽히는 동작으로 한 경기에 100개가 넘는 공을 던진다. 어떤 동작이든 같은 동작을 100번 넘게 하다 보면, 그 부위에 무리가 오기 마련이다. 게다가 투수는 매우 부자연스러운 동작으로 투구를 한다. 원래 팔은 어깨 아래에 있는 것이, 팔꿈치는 안으로 굽히는 것이 자연스럽다. 그런데 투수는 이와 반대 자세로 100번 이상 공을 던진다. 심리적인 중압감이 가중

• 투수 마운드 높이는 10인치, 즉 25.4cm이다.

된다는 점을 감안한다면 어떤 포지션보다 부상의 위험에 노출되어 있다는 사실을 알 수 있다.

인체구조상 상당히 부자연스러운 동작으로 100개가 넘는 공을 힘껏 던졌다 하더라도 승리투수가 되는 것 또한 쉽지 않다. 아무리 자신이 공을 잘 던졌어도, 그날 마운드를 이어받은 투수가 역전을 허용하면 그때까지 던진 공은 물거품이 된다. 물론 다음 게임에서도 지지 않기 위해 역투를 해야 한다. 팀이 연패를 하고 있을 때면 선발투수의 역할은 더욱 커진다. 선발투수가 잘 던진다고 반드시 승리하는 것은 아니지만, 선발투수가 무너지면 그 경기는 이기기 힘들어진다.

롯데는 2006년 시즌을 상당히 경쾌하게 출발했다. 하지만 마무리 노장진의 팀 무단이탈과 수호신 손민한의 맹장수술, 이대호의 타격부진으로 투타 모두 총체적 위기에 빠져 있었다. 당시 전력으로 원정 17연패라는 깊은 늪에 빠져버린 것은 어쩌면 당연한 결과였다. 잠실 LG전에서 원정 17연패, 통산 6연패를 한 다음날, 사직에서 삼성과의 경기가 있었다. 그날 선발 투수는 장원준이었다. 초반 난조를 딛고 무실점으로 경기를 잘 이끌어 나가고 있었지만, 팀은 1:0으로 아슬아슬한 리드를 하고 있었다. 마무리투수 노장진의 빈자리가 크게 느껴지는 순간이었다. 8회 1사 1, 2루 위기에서 마무리로 등판한 투수는 손민한이었다. 2006년 손민한은 '수호신' 별명답게 팀에서 유일하게 제몫을 해주는 선수였다. 자신이 마무리로 등판하면 선발로테이션에 무리가 있을 것을 알면서도 원정 17연패와 6연패의 사슬을 끊어야 한다는 책임감과 시즌 1승도 못 올리고 있었던 후배 장

2006년 5월 20일, 본인의 선발승을 포기하며
장원준에게 시즌 첫 승을 안겨준 손민한 선수 (출처: 롯데 자이언츠 홈페이지)

원준을 챙기는 선배로서 희생을 강행했다. 그날 손민한의 마무리 등판으로 롯데는 1:0으로 승리했고, 팬들은 울었다.

선발투수는 핵심사업이다

기업의 여러 사업 중에서 선발투수와 같은 분야가 있다. 증권회사의 브로커리지 수익이나 은행에서의 예대마진, 삼성전자의 휴대폰 부문, SK텔레콤의 통신 부문 등 기업에서 대부분의 수익을 창출하는 핵심사업은 선발투수만큼 중요하다. 경기가 하강 국면일 때는 핵심사업에서 벌어들이는 수익으로 나머지 적자사업을 메워야 하며, 경기가 상승 국면일 때는 핵심사업의 수익으로 미래를 위한 투자자금을 만들어야 하기 때문이다.

선발투수가 무너지면 게임에서 이길 승산은 없다. 마찬가지 기업의 핵심사업이 무너지면 미래의 성장동력에 투자할 여력을 잃을뿐더러, 당장의 현금 흐름에도 큰 영향을 미친다. 그래서 말 그대로 '핵심' 사업이다.

인생에 라이프사이클이 있듯, 상품에도 라이프사이클이 있다. 야구에서는 슬로우 커브를 'S커브'라고도 하는데, 제품 라이프사이클도 S의 모양을 그린다고 하여 S커브라 한다.

도입기에는 혁신적인 신기술의 개발 초기단계이기 때문에 이 시기에 있는 사업은 대부분 적자를 면치 못한다. 해당 제품의 보급률도 10% 채 되지 않는다. 휴대폰의 경우, 지금은 초등학생도 가지고 다니지만 1990

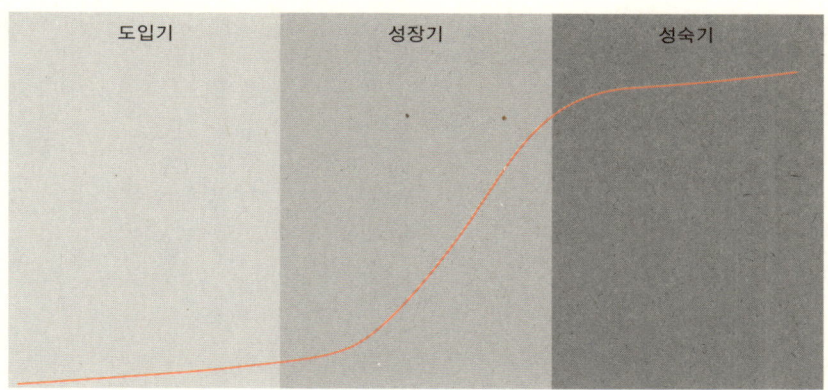

S커브

년대 초반에는 도입기에 있는 제품이었다. 이처럼 도입기의 제품들은 상당히 고가이거나 사용하기 어렵기 때문에 소수의 상위층이나 교육수준이 높은 일부 계층에게만 보급된다.

성장기에서는 혁신적인 신기술이 상용화되면서 보급률이 급격히 불어나는데, 이때가 사업에서는 최대의 이익을 실현하는 때다. 높은 이익이 실현되는 사업 분야이므로 많은 기업체들이 해당 사업에 뛰어들어 경쟁이 치열해진다. 그 중 대다수는 경쟁에서 도태되고, 살아남은 몇몇 기업이 성숙기로 접어든다.

성숙기에서는 이 기술을 사용한 제품이 대다수 보급되기 때문에 신규 소비자를 찾기 어렵고 안정적인 시장을 형성한다. 대표적인 예로 자동차를 들 수 있다. 요즘은 명절연휴나 출퇴근 시간만이 아니라 어딜 가나 교통체증에 시달리기 때문에 항상 이로 인해 스트레스를 받는다. 이런 현상은 자동차의 보급이 늘어나서 성숙기 시장에 진입했다는 신호이기도 하다. 자동차산업에서 성장기는 1970~1980년대였다. 이 시기에 자동차가 한국 경제성장을 이끌어냈던 견인 산업이었다는 점을 상기해보면 굳이 S커브를 들먹이지 않더라도 제품에는 주기가 있다는 것을 알 수 있다. 그럼 지금 한국의 자동차 시장은 정확히 어떤 단계일까? 한국의 자동차 등록대수 통계를 나타내는 아래 그래프를 보자.

초반 자동차 등록대수는 거의 변함이 없는 평평한 모습이다가 1987년 이후 급격히 성장하는 모습을 볼 수 있다. 하지만 그래프는 계속 우상향하는 모습이기 때문에 성숙기에 들어갔는지 아직도 성장기인지 판단하긴 쉽지 않다. 그렇다면 경제활동인구 대비 자동차 등록대수를 나타내는

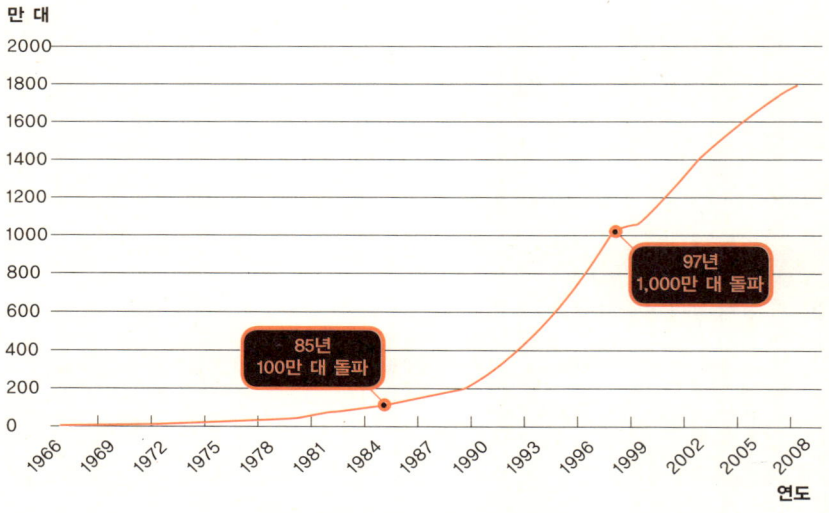

자동차 등록대수 (단위: 만 대/출처: 통계청)

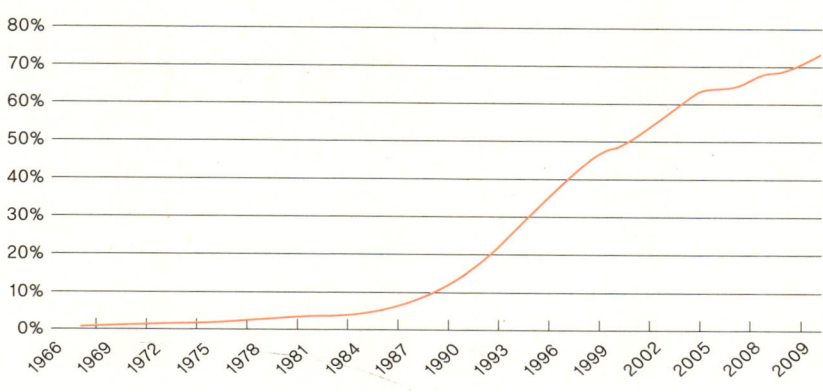

경제활동인구 대비 자동차 등록대수(출처: 통계청)

위 그래프를 보자.

위 그래프를 보면 이미 자동차 보급률이 70%를 넘어선 것을 볼 수 있다. 보급률을 경제활동인구가 아니라, 가구당 자동차 보급률로 한다면 이 수치는 훨씬 커진다. 즉 이제는 성장기를 벗어나고 있다는 의미이다. 삼성에서도 '삼성자동차'를 '르노'에 헐값에 매각한 것도, 증권사 애널리스트들이 현대자동차를 분석할 때 미국시장의 자동차 현황이나 글로벌 점유율을 주요 요인으로 제시하는 것도 자동차 보급률 S커브와 무관하지 않다.

요즘은 초등학생들까지 다 가지고 있는 휴대폰 역시 굳이 통계자료를 보지 않더라도 이미 성숙기에 들어선 시장이라는 것을 알 수 있다. 다음 그래프는 이동전화 보급률을 나타낸 것이다. 이동전화 가입자 수를 연도별 추계인구로 나눈 것인데, 2007년에 이미 90%를 넘어섰음을 볼 수 있다.

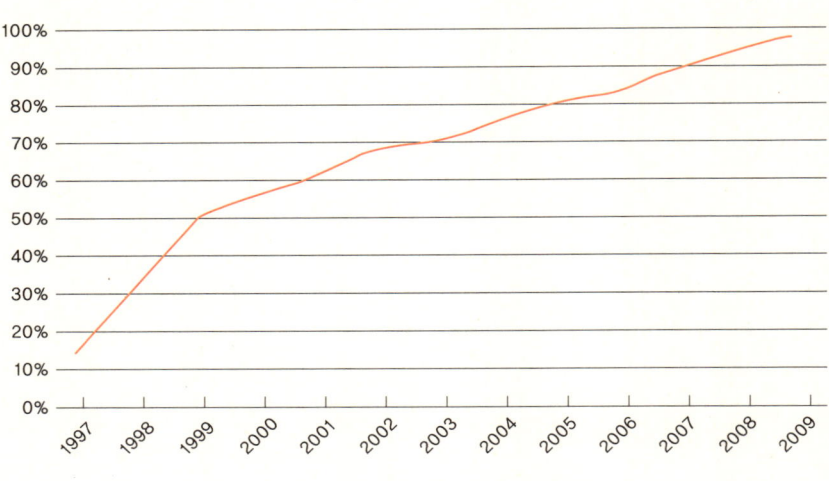

이동전화 보급률(출처: 통계청 e나라지표)

    이처럼 성장기에 있는 핵심사업도 시간이 지남에 따라 성숙기로 접어들고 성장기처럼 높은 이익을 창출하지 못한다. 그래서 피터 드러커는 『21세기 지식경영』에서 "변화를 선도하는 것을 임무로 받아들이지 않는 기업은 결코 살아남을 수 없다."고 했던 게 아닐까?

    하지만 제품이나 산업의 S커브가 성숙기에 도달했다고 해서 이를 다시 성장시킬 방법이 전혀 없는 것은 아니다. 1회초에도 언급했던 것처럼 성숙기에 들어선 산업은 대부분 BCG매트릭스에서 Cash Cow영역에 있는 것이다. 이를 다시 Rising Star로 만들기 위해서는 상품 자체의 개선뿐 아니라, 포장을 변경한다거나 상품이 담고 있는 이미지를 변경하는 등의 재구조화restructuring가 필요하다. 이러한 현상이 최근 이동전화 영역에서 뚜렷하게 나타났다. 가히 혁명이라 불리는 스마트폰의 등장이 다시 이 산업을 도입기로 돌려놓고 제2의 S커브를 시작하였기 때문이다. KT는 아이폰을 도입하여 스마트폰 혁명을 이끌고 있는 반면, LGT는 2006년 3G사업을 포기하며 wi-fi, 와이브로에 대한 투자를 하지 않았고, 결국 스마트폰 혁명 트렌드에 뒤쳐지게 되었다. 시장이 성장기에 있을 때 이에 안주하지 않고 그 시장이 성숙기에 이르렀을 때 또 다른 제품으로 수익을 창출하기 위한 투자활동이 얼마나 중요한지 보여주는 대목이다. 로지텍의 창업자이자 CEO인 드 루카가 "우리는 황금알을 낳는 거위들을 시장이 죽일 때까지 기다리지 않고 스스로 죽여왔다."라고 한 이유도 여기에 있다.

야구는 투수놀음이다

각 구단의 전력을 평가할 때 가장 먼저 보는 것이 선발진의 능력이다. 그래서 야구는 투수놀음이라고도, 야구는 투수가 절반이라고도 한다. 롯데의 대표투수였던 최동원은 누가 뭐라 해도 롯데의 대표선수다. 고교시절 17이닝 연속 노히트노런을 기록하고, 한 게임에서 삼진 20개를 잡아냈던 '삼진 제조기' 최동원도 세월의 흐름 앞에선 더 이상 마운드 위의 영웅이 될 수 없었다. 윤학길, 주형광, 박동희*, 염종석** 등도 현역시절엔 상대 타자의 간담을 서늘하게 하는 투수였지만, 지금은 코치자리에서 후배를 양성하고 있다.

지금은 아련한 기억 한 쪽에 남아 있는 한국 특급투수들은 그냥 사라진 것이 아니다. 중학교, 고등학교, 대학교, 프로야구 2군, 1군 등 자기 자리에서 후배를 양성하고 있다. 이들의 현역시절 성공과 실패의 경험이 후배들을 더욱 멋진 투수로 길러낼 것이다. 마치, 기업의 핵심산업이 때로는 성장을 견인하고 때로는 다른 핵심산업을 키워낼 자금을 창출하는 것과 닮아 있다. 따라서 팀의 승리를 책임지는 원투펀치***는 기업의 심장인 핵심산업이다.

●
155km 사상최고의 강속구를 던졌던 박동희 선수는 2007년 교통사고로 사망하였다. 이 자리를 빌어 삼가 고인의 명복을 빈다.

●●
1992년 고졸신인이 이었던 염종석은 프로무대에서 17승 9패 6세이브, 2.33의 방어율을 기록하며 팀을 우승으로 이끌었지만, 무리한 등판으로 인한 잦은 부상에 시달리며 수술과 재활을 반복하다 2008년 시즌을 끝으로 은퇴하였다.

●●●
원투펀치란 권투에서 오른손 왼손으로 상대방을 제압하는 것에 비유해서, 강력한 투수 2명이 1선발 2선발을 꿰차고 있는 것을 말한다. 일반적으로 5명의 투수를 번갈아 가며 기용하는 5선발 체제에서 2명의 강력한 선발투수를 가지고 있다는 것은 이미 승률 5할을 보장받은 것이나 다름없기 때문이다.

산업의 S커브를 극복하라

도입기-성장기-성숙기-쇠퇴기로 구분되는 산업의 S커브는 인간의 라이프사이클과도 같다. 기업의 경우 최근 핵심 이슈는 '지속 성장', '계속 기업'이다. 산업구조가 고도화됨에 따라 그 성장은 정체되고, 그러한 환경 하에서의 기업은 생존에 대한 고민을 할 수밖에 없다.

2008년 글로벌 유동성 위기를 초래한 미국의 경우, 핵심사업은 전통적인 농업과 군수산업이었다. 농업은 그렇다 치고 요즘 중동에서 크고 작은 전쟁이 없다 보니 이 군수산업이 거의 사양산업이 되어버렸다. 그러므로 세계1·2차 대전 전후가 도입기, 2차 대전 후~90년(구소련 붕괴 시기)초 미국과 소련 냉전 체제기가 성장기, 90년 이후 중동전(이라크의 쿠웨이트 침공 이후 시기)이 있었던 때가 성숙기, 9·11 테러 이후가 쇠퇴기라 할 수 있다. 이는 정치적인 이슈가 포함되어 있기 때문에 사람마다 견해가 다른 수 있다.

이런 군수산업을 기반으로 한 미국 경제의 또 한 축은 바로 금융산업이다. 그런데 이러한 핵심사업의 침체에 따라 금융시장이 힘들어지게 되고 서브프라임 모기지 사태를 계기로 2008년 미국은 위기를 맞이한 것이다. 1차 대전이 사라예보의 총성으로 시작되었다지만 그 이전부터 발칸반도에 전쟁의 기운이 만연했었고, 미국 역시 이미 핵심사업의 쇠퇴기에 진입함에 따라 금융산업이 침체되는 악순환을 맞이했던 것이다. 지금이야 엄청난 유동성 공급으로 그 위기를 넘겼지만, 실물경기(군수산업) 회복(전쟁)이 이어지지 않는다면 미국 경제의 회복은 당분간 힘든 상황이 될 것으로 예상한다.

프로야구는 많은 사람에게 감동을 주는 사업이다.

손정의

분홍색 유니폼이
부끄러운 두산곰

🎾 야구 팬의 마음을 흔드는 유니폼

숫자 1은 자기 자신을 상징한다. 그래서 외롭지만 당당하다. 숫자 2는 숫자 1 다음에 나오는 숫자이며 나 이외의 타인을 인식하기 시작한 최초의 숫자다. 소수* 중에 유일한 짝수이자 가장 작은 소수인 숫자 2는 야구의 2회와 닮았다. 1회에서는 선발투수나 자기 팀 타자들의 컨디션이 어떤지에 먼저 집중한다면, 2회에 오면서는 비로소 상대 선수를 볼 수 있기 때문이다.

* 1과 자기 자신의 숫자로만 나누어지는 수

제3의 유니폼이라 불리는 third jersey 역시 비록 숫자로는 3이긴 하지만, 야구 이외의 요소를 고려했다는 점에서 숫자 2와 닮아 있다. 흰색을 기본색으로 하는 '홈' 유니폼과 구단의 색깔이 들어간 '어웨이' 유니폼은 하나의 세트이다. 이렇게 두 종류로 유니폼을 나눈 것은 야구 규칙*에도 나와 있는 규정으로 경기의 편의성을 생각한 것이지 경기 이외의 요소를 고려한 것이 아니다.

또한, 유니폼 색깔과 다른 색의 테이프나 야구공을 연상시키는 것 등을 유니폼에 붙이면 안 되는 것, 유니폼에 붙일 수 있는 광고에 관한 사항, 배번의 크기, 선수 이름 마킹 등에 대한 것도 정의되어 있다. 물론 홈 유니폼은 흰색이 기본이라서 관중은 그 경기가 잠실인지, 사직인지 혹은 대전구장인지 한 번에 알 수는 있지만 이도 야구와 관련된 정보에 불과하다.

미국 메이저리그에서는 일반적인 third jersey가 한국 프로야구에서 제작된 것은 불과 2~3년 전의 일이다. '스머프'란 별명을 가지고 있는 롯데 자이언츠 파랑색 유니폼, 'OB Bears' 로고가 큼지막하게 가슴에 쓰여 있는 두산 베어스 유니폼 등의 third jersey는 과거의 향수를 불러일으키는 것이 대부분이다. third jersey 중 단연 눈에 띄는 것은 두산 베어스 선수들을 핑크곰으로 만들었던 '분홍색 유니폼'이다.

두산 선수들은 '후레쉬맨'을 연상시키는 분홍색 유니폼을 달가워하진

* 야구 규칙의 '01.경기의 목적, 경기장, 용구'의 '01.11 유니폼' 편을 보면 "각 팀은 본거지 경기Home Game용으로 흰색白色, 원정경기Road Game 혹은 Away Game용으로는 유색有色의 두 가지 유니폼을 준비하여야 한다."라는 규정이 나와 있다.

않았지만, 여성팬들은 남성미가 물씬 풍기는 남색 유니폼보다는 핑크빛 유니폼을 더 선호했다. 분홍색 유니폼이 첫 선을 보인 2009년에 두산 유니폼 수익이 전년대비 50%나 증가했다는 점이 이를 증명한다.

여성의 감성을 자극하는 것, 스토리

전통적으로 여성 시장인 다이어트 제품 산업을 보자. 여기는 먹는 제품, 입는 제품, 바르는 제품을 비롯한 다양한 운동법과 각종 운동기구 등 톡톡 튀는 아이디어와 제품력으로 승부하려는 업체들이 무수히 많다. 그들 중에 어느 누구도 뚜렷한 브랜딩을 못하고 있는 이유는 여성 시장에서 제품과 기술력을 강조하는, 이른바 남성적인 마케팅을 하고 있기 때문이다.

여성 전용 휘트니스 클럽 중 돋보이는 곳으로 '커브스'라는 곳이 있다. 이곳은 텍사스에서 제일 먼저 문을 열고 지금은 87개국, 만여 개로 확대되었다. 한국에서도 이미 100호점을 돌파할 정도로 인기가 좋은데, 이 휘트니스 클럽은 여성의 '감성'을 자극한다.

'No Mirror, No Man, No Make up'의 3NO는 여성 전용 휘트니스 클럽이라면 특별한 점은 아니다. 커브스의 가장 큰 특징은 운동기구를 동그랗게 배치하였다는 점이다. 한 가운데 트레이너가 있어서 운동을 하는 사람들과 공평하고 자연스럽게 대화를 나눌 수 있다. 이러한 분위기는 같

커브스 매거진

커브스 운동 시스템

이 운동하는 사람들과도 공유하게 된다. 이야기 나누는 것을 좋아하고 공감하기를 바라는 여성들의 특징을 섬세하게 공략한 셈이다. 이뿐만 아니라 다이어트 성공 스토리를 공유하고 매거진을 발행하며, 회원 간 친목도모를 위한 인터넷 카페를 함께 운영한다는 점도 돋보인다.

여성이 소비주체의 중심으로 떠오른 것은 사실이지만, 여성을 상대로 시장에서 성공하는 것은 쉽지 않다. 지금 여성 시장에서 고전을 면치 못하고 있다면, 우리 회사가 제공하는 상품이나 서비스가 과연 여성의 감성에 호소하는지 면밀히 살펴보아야 한다. 분홍색 포장만 한다고 여성 전용 상품이 되지는 않는다.

여성 마케팅은 틈새시장이 아니다

현대 경영의 창시자로 불리는 경영의 대가 톰 피터스는 『톰 피터스의 미래를 경영하라』에서 수조 달러의 가치를 가진 시장으로 두 가지를 제시한다. '여성의 포효'와 '황금알을 낳는 베이비 붐 세대'가 그것이다. 특히 가족의 수입 중에서 여성이 차지하는 비율이 교육 수준과 함께 크게 증가한 점을 예로 제시하면서 여성 시장을 더 이상 '틈새' 시장으로 인식하지 말라고 조언한다.

인류의 긴 역사를 통해 동서양을 막론하고 여성들은 남성과 동등한 지위를 확보하지 못했다. 양성평등의 첫걸음이라 할 수 있는 참정권의 경우 정치 선진국이라 하는 미국만 해도 1920년에 여성 참정권이 인정되었다. 이미지가 좋은 국가인 스위스에서도 1971년에 여성에게 투표권을 허용했다. 미국 독립선언문 2장에는 "모든 사람은 평등하게 태어났고…"란 구절이 있는데 여기서 사람은 바로 'Man'•을 의미하는 것이다. 한국만 해도 조선시대까지 여성은 가부장적 유교 문화 속에서 늘 핍박을 받은 계층이었다. 천주교가 그 박해 속에서도 불처럼 퍼졌던 이유 중 하나가 바로 남녀가 같이 성경을 읽고 찬송가를 부를 수 있었기 때문이다.

우리나라의 사법고시에서는 35%가 외무고시에는 60%에 육박하는 합격자들이 바로 여성이다. 초등학교 시절 어린이 회장 자리는 늘 남학생 전유물이었다. 요즘 초등학교에는 남자 회장과 여성 회장이 동등하게 선거를 하고 활동을 하고 있는 것 또한 바야흐로 '여성의 시대'가 도래했다는 것을 알 수 있는 사례들이다. 아이 낳고 밥하는 게 여자의 역할인 시대는

• 사전적 의미 1.사람 2.남자

끝났다. 그들은 결혼을 미루고 활발한 사회 활동을 통해 막강한 경제 주체로서 그 시장을 확장하고 있다. 이러한 사회 현상의 단적인 예가 바로 '저출산 문제'이다. 고령화와 더불어 저출산은 향후 한국만이 아닌 인류 경제에까지도 그 영향을 미칠 수 있다는 우려의 목소리가 높다.

이러한 여성의 포효와 함께 주목할 시장이 바로 베이비 붐 세대이다. 미국의 경우 2차 세계 대전 후, 한국의 경우 6·25 이후 10여 년간 태어난 세대를 가리키는 베이비 붐 세대는 그 국가의 산업 발전을 주도했다. 그들이 태어나 자라던 시대는 기저귀, 카메라, 비디오 산업이 커가면서는 패스트푸드 레스토랑 산업이 성장했고, 결혼을 위해 주택 구입을 그리고 사회 활동을 하면서 다양한 비즈니스 정보지, 방송 등이 활황을 보였다. 또한 중장년기에는 은퇴를 준비하기 위한 저축과 투자에 집중하여 금융 산업 성장을 주도하였다.

우리나라 기준 58년 개띠 전후의 세대들은 배울 만큼 배웠으며 고생도 해볼 만큼 해본 세대로 가장 많은 부를 축적해놓은 세대이다. 이 세대야말로 황금알을 낳아왔고 앞으로도 그 역할을 계속 해나갈 것이다. 미국의 예를 보면 금융 자문 서비스, 컴퓨터 산업(최근엔 모바일 산업), 여행레저 산업 및 헬스케어 산업이 그 시장의 수혜자로서의 경험을 가지고 있다. 이 황금알을 낳은 세대의 지갑을 점유하는 상품과 서비스를 제공하는 기업이 향후 시장의 주도자가 될 것이다. 또한 그 베이비 붐 세대의 경제권은 그 여성층들이 장악하고 있다는 사실을 명심해야 한다.

톰 피터스는 수년간의 통계수치를 제시하며 거의 모든 소비품 분야에

품목	모든 소비품 구매	가구	휴가 상품	새집	가정용 DIY 용품	가전제품	자동차	은행 계좌 개설	의료 서비스
비율	83%	94%	92%	91%	80%	51%	60% (사실상 90%)	89%	여성이 80%를 결정하고 지출의 약 2/3을 책임진다.

여성 소비 비율

서 구매를 주도하는 사람은 여성임을 구체적으로 강조하고 있다.

『여자한테 팔아라』에서 마사 발레타가 밝힌 성별의 특징도 여성 마케팅이 틈새시장이 아니라는 점을 증명한다. 즉 남성은 '개인적 시각'을 갖고 있고(최소 단위가 '나'), 여성은 '그룹 시각'을 갖고 있다고(최소단위가 '우리') 책에서 밝혔다. 그리고 남성은 자존을 중시하지만 여성은 팀의 성과를 중시한다고 한다. 한 유명한 주식 중개인이 여성 고객에게 집중한 결과 남성 고객은 평균 2.6명을, 여성 고객은 평균 21명에게 소개해주었다는 사례도 있다.

최근 금융권의 키워드가 조직관리 차원이든 상품, 서비스 기획 차원이든 시너지synergy, 협업collaboration, 융합convergence 관련 전략과 전술이 이미 대세를 이루었음을 부인할 수 없다. 그리고 리테일retail 비즈니스 수준에서 소개나 구전mouth to mouth 또는 바이럴 마케팅viral marketing이 가장 핵심이라는 것에도 모두 동의한다.

대기업 여성임원 '발탁' 기사도 이제는 익숙해졌다. 최근 대한민국 기업이 삼성그룹의 인사에서도 그를 명확히 보여주고 있다. '삼성가의 여인들' 중 2세들은 호텔(호텔신라), 레저산업(에버랜드)과 패션디자인(제일모직), 광고(제일기획) 사업에 집중하고 있다. 그리고 잘 알다시피 백화점(신세계)과 미술관(리움) 또한 삼성가의 여인들이 운영하고 있다. 공통적인 키워드를 뽑아내자면 디자인, 레저, 예술, 서비스 분야라고 할 수 있겠다. 이는 '일Work'보다는 놀이에 가까운 비즈니스다. 다시 말해 보다 감성적인 '의미'를 담아내야 성공할 수 있는 분야라 할 수 있다.

두산이 시도한 여성 마케팅은 야구에서도 이미 여성 마케팅이 대세라는 점을 증명한다. 마케팅 서적을 통달하고 경영대학원, 해외 MBA를 졸업하고 각종 마케팅 세미나를 다녀도 마케팅에 대한 답이 떠오르지 않는다면 '여성을 관찰하는 일'부터 다시 시작하자. 야구장의 여성이든 삼성가의 여인이든 말이다.

여성 마케팅이라고 해서 분홍색을 칠하지 마라

흔히 '여성 마케팅'이라고 하면 '여성 전용'을 떠올리게 된다. 사실 '여성 전용 ○○○'가 시장에서 성공한 사례는 많지 않다. 검색 창에서 '여성 전용'이란 키워드로 입력하면 여성 전용 사우나, 마사지, 헬스, 혹은 여성 전용 주차장, 대출 등이 보인다. 이는 범죄 등에 대한 피해를 줄이기 위한 방어적인 프로그램인 것이지 그 시장을 타깃으로 한 건 아니다.

적어도 여성은 자신을 여성으로만 바라보는 것을 좋아하지 않는다. 실버 시장에서 그 타깃인 시니어 그룹에게 '실버 전용' 프로그램이 잘 성공하지 못하는 이유와 같다. 실버 세대는 자신을 '늙은이'라고 하기보다는 남자, 혹은 여자로 대해주기를 더 바란다. 즉 여성 마케팅에서의 핵심은 여성을 '사람으로서의 여성'이라는 점에 집중해야 한다. 최소한 여자는 남자와 동등한 존재라는 인식이 있어야 여성 마케팅의 핵심을 놓치지 않는다.

2회말

밀리터리 유니폼을
입은 갈매기

🎾 밀리터리 유니폼에 담긴 스토리

2008년 6월 야구장에 군인들이 등장했다. 군복의 얼룩무늬는 적에게 자신을 들키지 않기 위해 들어간 것인데, 보색이 필요한 야구장에서 보호색 군복이라니? 처음 보는 사람들은 모두 의아해했을 것이다. 좋은 수비수들은 수비에 임할 때 우리 투수가 어떤 공을 던지는지, 타자는 어떻게 대응할지에 대한 시뮬레이션을 한 뒤, 예상되는 위치로 자신의 위치를 섬세하게 조정한다. 그래서 재빨리 공의 낙하지점까지 달려가서 공을 낚아챌 수 있는 것이다. 만약, 타구가 깊었으면 공을 집어서 돌아서자마자 공

롯데 자이언츠의 밀리터리 유니폼(출처: 롯데 자이언츠 홈페이지)

을 수비수에게 던져야 한다. 외야수가 돌아섰을 때 가장 먼저 눈에 들어오는 것은 우리 선수의 유니폼 색깔이다. 밀리터리 유니폼은 빨간색이나 파랑, 검정색보다 눈에 띄지 않아서였을까? 롯데가 밀리터리 유니폼을 입었을 때 승률은 저조했다. 그래서 '입은 것은 군복인데, 하는 짓은 민방위'라는 웃지 못할 비난도 쏟아졌던 유니폼이다.

롯데 자이언츠는 현충일을 맞이하여 호국선열에 대한 추모의 의미로 밀리터리 유니폼을 기획했다. 당시 구단에서는 부산지역 인근 군부대 장병을 경기에 초대하기도 하고, 직접 군부대를 위문방문하기도 했다.

밀리터리 룩의 출발은 제2차 세계대전 기간인 1940년대 전후로 보여진다. 제2차 세계대전으로 파리가 고립되면서 간단한 디자인에 정해진 양만큼의 직물만 사용하도록 규제되었다. 이런 규제는 다양한 디자인의 발전을 저해하는 요소가 되었지만 패션의 중심지 파리에서는 군복에서 따온 스타일들이 사회 전반적인 유행으로 자리 잡게 되었다. 어깨는 각이 지게 강조하고 라펠이 넓은 형태의 수트 스타일이 주를 이루는 '밀리터리 룩'이 시작된 것이다.

한국에서는 밀리터리에 대한 추억이 그다지 좋지 않다. 해방 이후 30년이 넘도록 경직된 군사 문화가 정치, 경제, 사회 전반에 영향을 끼쳤기 때문이다. 춥고 배고팠던 군대생활 때문인지 한국 남성들에게 밀리터리는 안 좋은 기억의 대명사로 자리 잡았다.

하지만 1990년대에 들어서면서 경제보다는 정치논리가 앞서던 사회에도 변화의 바람이 불기 시작했다. 이대나 홍대 일대, 신촌 거리에 밀리터리 패션이 등장하고 TV 개그프로그램을 통해 '동작 그만!'이 인기를 누렸다. 또한 병영시절 겨울 내무반 패션의 대명사였던 '깔깔이'가 '깔깔이 패딩'으로 화려하게 변신하여 트렌디한 아이콘으로 자리매김하였다.

롯데 자이언츠의 밀리터리 유니폼에는 패션 이상의 의미가 있다. 최근 마케팅 트렌드는 디자인뿐 아니라 의미와 스토리가 결합된 형태로 발전하고 있기 때문이다. 스머프 유니폼을 입은 롯데 자이언츠 선수들을 보고 "저 사람들은 왜 옛날 유니폼을 입고 경기를 해?"라고 묻는다면 "과거의 우승 경험을 되살려 열심히 경기에 임하고자 하는 마음에서 입는 거야."

라고 답할 것이다. 그런데, 만약 밀리터리 유니폼을 보고 "저 사람들은 왜 군복을 입고 경기를 해?"라는 질문에 "현충일을 맞아 호국선열에 대한 추모의 의미를 되새기기 위해서 유니폼을 특별 제작한 거야."라고 대답한다면, 질문한 사람의 마음은 어떨까?

스머프 유니폼에도 나름의 의미와 스토리는 있다. 하지만 이 스토리는 롯데팬이 아니라면 공감하기엔 부족하다. 반면, 밀리터리 유니폼에 녹아 있는 의미와 스토리는 한국 사람이라면 누구나 공감할 수 있다. 춥고 배고픈 군대생활의 기억 때문에 밀리터리에 대한 나쁜 기억이 있는 남자의 마음도 녹일 수 있다. 이처럼 사람들의 감성을 이끌어내는 것은 디자인과 그 속에 있는 의미 그리고 스토리에 있다. 이런 트렌드는 각 기업의 광고에도 그대로 투영된다.

디자인과 의미, 그리고 스토리

대한항공은 최근에 '중국, 중원에서 답을 얻다', '미국 어디까지 가봤니?', '지금 나는 호주에 있다'에 이어 '일본에 일본을 묻다' 시리즈의 광고를 하고 있다. 기존 항공사 광고는 훌륭한 기내식과 편

대한항공의 '일본에게 일본을 묻다' 편 광고

한 좌석, 인터넷 체크인, 출발지연과 도착지연이 없는 등 항공사라면 갖추어야 할 기본 기능에 충실한 광고를 했다. 하지만 최근 대한항공은 고객이 왜 비행기를 타는지에 의문을 갖고 여기에 의미와 스토리를 부여했다.

삼면이 바다로 둘러싸여 있고, 유일한 육로인 북쪽으로는 건너가기 힘든 한국의 지정학적 위치가 우리에게는 '국경을 넘기 위해서는 반드시 비행기를 타야 한다.'는 슬픈 고정관념을 만들었다. 그래서 차나 기차를 타고 육로를 통해 국경을 넘으면 신기하게 느껴진다. 대한항공은 여행을 하기 위해서는 반드시 비행기를 타야 한다는 이 고정관념을 적절히 잘 이용하여 여행에 대한 의미와 스토리를 부여했다. 광고에서 대한항공 비행기의 편리함이란 찾아볼 수 없다. 하지만 이 광고는 대한항공을 타고 그곳으로 가고 싶도록 만드는 힘이 있다. 고객의 마음을 읽고 감성을 자극한 것, 이것이 바로 의미와 스토리의 힘이다.

사교육비가 국가적인 문제로 대두된 것은 어제오늘의 일이 아니다. 선거 시즌이 되면 모든 후보자들은 늘 공교육 강화와 교육문제 해결을 가장 큰 화두로 꺼낸다. 하지만 한국의 교육문제는 어느 누구도 명쾌한 해답을 내놓을 수 없을 정도로 해결이 쉽지 않다. 아이러니하게도 사교육 학습지 업체인 대교에서 이에 대한 대답을 제시하는 광고를 했다. '내 공부니까'와 '공부를 안다'는 시리즈 광고를 통해 공부는 자신이 스스로 한다는 메시지를 전한 것이다.

물론, 매일 새벽에 일어나 학교를 가고 밤늦도록 학원에서 공부를 하는 지금 학생들에겐 전혀 마음에 와 닿지 않는 광고이겠지만, 본인을 위

대교 광고

해 공부하니까 안타까워하지 말고 걱정하지 말라는 메시지는 성적이 쑥쑥 올라간다는 메시지를 전하는 다른 학습지 광고와 달리 공부의 의미를 전달하고 있다.

　1976년 진 포드와 제인 포드 일란성 쌍둥이가 창업한 화장품 회사 베네피트는 브랜드 전략으로 '화장은 편하고 재미있는 것'을 내세우며 제품에 스토리를 입혔다. '딥 모이스쳐라이징 세럼', '피톤치드 안티링클', '에이지 어웨이 모디파이어' 등 남자들이라면 여자친구나 아내의 선물로 화장품을 고를 때, 이름이 어려워서 곤혹했던 경험이 있을 것이다. 사실 화장품에 큰 관심이 없는 여성들도 스킨, 에센스, 크림 이외의 이름은 기억하기 어려운 경우가 많다.

베네피트의 앤티크 인형 모델 (출처: 베네피트 코리아 홈페이지)

베네피트의 브랜드 전략은 제품명에 그대로 투영되어 있다. 화장품의 이름을 'something about sofia(소피아에겐 뭔가 특별한 게 있지)', 'touch me then try to leave(나를 만져봐 그리고 떠날 수 있으면 떠나봐)', 'my place or yours, Gina(우리집 아니면 너의 집으로)'처럼 이야기를 하듯 지었다. 복잡한 화장품 이름이 아니라 말을 걸듯이 다가오는 화장품 이름에 여성 소비자들은 매료되었다. 제품 패키징도 옛 영화의 키스장면이나 오래된 야외전축, 복고풍 일러스트레이션을 사용하여 노인에게도 향수를 불러일으키고 특별한 것을 찾는 신세대에게도 어필하였다. 광고에도 유명 모델을 고용하지 않고 앤티크 인형 모델을 등장시켰다. 또한 매장에는 여성들의 눈썹모양의 고민을 해결해주는 'brow bar' 공간을 만들었는데, 이 공간에서는 점원이 고객들과 자연스럽게 이야기를 나눌 수 있어서 소비자의 니즈를 포착하는 데에도 도움을 주고 있다.

세계적인 석학 다니엘 핑크가 쓴 『새로운 미래가 온다』에서 이제는 '정보화 사회'에서 '콘셉트와 감성의 사회'로 변화할 것이라고 예견하였다. 그런 미래사회의 인재는 디자인, 스토리, 조화, 공감, 놀이, 의미의 6가지 조건•을 갖추어야 한다고 했다.

이제는 제품에 감동적인 스토리를 포장하자. 고객의 감성을 자극하는 것은 제품의 라인업을 고치지 않아도, 서비스 재설계를 하지 않더라도 가능하다. 밀리터리 유니폼을 입은 날 롯데 자이언츠의 승률이 좋지 않더라도, 유니폼에 담긴 의미와 스토리는 팬들이 무작정 유니폼을 비난할 수 없게 만들지 않던가!

디자인 : 하이콘셉트 시대의 핵심 능력 ● **스토리** : 소비자를 움직이는 제3의 감성 ● **조화** : 경계를 넘나드는 창의성의 원천 ● **공감** : 디자인의 필수 요소 ● **놀이** : 호모 루덴스(유희하는 인간)의 진화 ● **의미** : 우리를 살아 있게 하는 원동력

제품에는 스토리가 있어야 한다

스토리텔링이 요즘 마케팅의 핵심 키워드로 자리 잡았다. 아마도 매우 경제적인 고민에서 출발한 것이라 짐작된다. 마케팅에는(특히 광고는) 돈이 많이 들어간다. 그런데 최근 광고는 비용 대비 효용성이 적다. 그럼에도 가장 치열한 경쟁이 느껴지는 시장 중 하나가 광고시장이다. 『보랏빛 소가 온다』의 저자 세스 고딘은 '광고는 죽었다'라고 하였다. 실제 그토록 많은 광고가 만들어져 전파를 타고 있지만 기억에 남는 광고는 별로 없다. 특히 요즘은 케이블 TV 채널이 수십 개씩 나오는 집이 대부분이라 어제 본 광고를 기억할 사람은 거의 없다. 그래서인지 어쩌다 모인 자리에서 "요즘 혹시 그 광고 보셨나요?" 해도 모르는 것들이 섞여 있긴 하다. 어쨌든 광고는 사람들의 시선을 끌어야 한다.

어떤 제품이든지 디자인의 성공이 전제된 후에 '감동'을 넘어 '공감'을 주어야 한다. 즉 그 공감 덕분에 다른 사람들에게 이야기하는 순서로 이어져야 할 것이다. 사람들은 아무리 첨단 시대를 살아도 이야기를 좋아한다. 어렸을 때 할머니에게 이야기를 듣고 자던 습관 때문일까? 아니면 인류 역사가 다 '말'로 전해져 와서 그런 것일까? 성경도 불경도 알고 보면 다 예수님, 부처님 말씀이 그 제자들을 통해서 말이나 글로 전해져 지금에 이른 것이 아닌가! 2천여 년간 스토리텔링 최고의 사례는 바로 성경이고 불경이다. 그러므로 교회나 절의 외관이나 조직 구조 그리고 그 활동 등을 잘 살펴보면 마케팅에서 배워야 할 시사점은 무궁무진하다. 마케팅이 결국 고객의 마음을 사서 지속적이고 반복적인 구매로 이어지는 것이라 정의한다면 이보다 더 확실한 사례는 없을 것이다.

승리하면 조금 배울 수 있고
패배하면 모든 것을 배울 수 있다.

크리스티 매튜슨

실책으로 내준 점수는
게임의 흐름을 뒤바꾼다

 실책은 언제나 뼈아프다

　자기 자신을 상징하는 숫자 1과 타인을 인지하게 된 숫자 2를 더하면 3이 된다. 나와 너를 더하면 우리가 되듯, 3은 세계를 품은 최초의 숫자이다. 소수 중에서 유일하게 이전 소수 바로 다음에 나오는 숫자이며, 다각형을 만들 수 있는 가장 작은 숫자이다. 점과 선을 뛰어넘어 면을 만들게 하니, 3은 세계를 품을 만하지 않은가?

　3은 우리 주변에서도 많이 찾아볼 수 있다. 기독교의 삼위일체에서도, 정반합으로 유명한 헤겔의 철학에서도, 유비가 제갈공명을 세 번 찾아

간 일화에서도 숫자 3은 어김없이 등장한다. 야구에서도 3은 많이 찾아 볼 수 있다. 각 팀은 한 이닝당 3번의 공격 기회가 있으며, 타자는 3번의 스트라이크를 당하면 아웃이 된다. 점수를 내기 위해서는 3개의 루를 지나야 홈으로 들어올 수 있으며, 야구 1게임은 3회를 3번 해야 끝난다. 정상급 타자는 타율이 3할은 되어야 하며•, 번트실패가 3회가 되면 아웃으로 간주된다.

   1회에는 자신의 팀 선발과 타자들의 컨디션을 점검하고 2회에는 상대편의 전력을 가늠해보며 지났다면, 3회에는 야구 초반의 흐름을 가늠하는 분수령이 된다. 1회, 2회에 별다른 득점기회나 실점기회가 없이 넘어갔다면 3회초 공격은 하위타선부터 시작한다. 그렇다면 야구를 보는 사람 입장에서는 '4회 선두타자부터 다시 공격의 실마리를 풀어가자.'라는 생각이 들게 된다. 이런 마음은 선수들도 똑같이 느끼는 것일까? 투수는 1, 2회를 지나며 몸이 완전히 풀려서 피칭에 자신감이 실린다. 게다가 상대 타자가 하위타선이라면 아무래도 중심타선을 대할 때보다는 공 하나

•
야구에서 3할을 치는 것은 말처럼 쉽지 않다. 투수가 던진 공이 홈플레이트까지 오는 데 걸리는 시간은 0.5초도 걸리지 않는다. 이 공을 치기 위해서 타자는 공이 홈플레이트를 지나기 전에 스윙을 시작해야 하기 때문에 타자는 투수의 손에서 공이 떠난 후 0.25초 안에 이 공을 칠 것인지 말 것인지 판단해야 해야 한다.
한 시즌에서도 어려운데, 통산타율 3할이 넘는 것은 선수의 피나는 노력 이외에도 타고나는 운동감각이 뒷받침되지 않으면 어렵다. 한국 프로야구 개막 이후, 은퇴한 선수 중에서 통산타율이 가장 높은 타자는 장효조 선수로 3할 3푼 1리이다. 최다안타 기록을 가진 양준혁의 통산타율이 3할 1푼 6리이고, 아시아 최다홈런 기록을 보유한 이승엽 선수도 통산 3할 9리임을 보면 타자로서 3할이 넘는 것이 얼마나 힘든 일인지 짐작할 수 있다.
박정태 선수는 통산타율이 2할 9푼 6리로 3할에 0.004가 모자란다. 총 4,458타석 3,857타수 1,141안타의 대기록에 안타 16개가 모자라 통산 3할 타자의 반열에 오르지 못한 것이 아쉽게 느껴진다. 마해영 선수는 통산 2할 9푼 4리, 김응국 선수는 통산 2할 9푼 3리였다.

의 무게감이 달라진다.

　수비수들도 게임 초반의 긴장감이 녹아들면서 3회에는 집중력이 떨어진다. 이런 빈틈을 타고 평범한 내야땅볼이 불규칙 바운드로 내야안타가 되어 분위기를 급반전시킬 수 있다. 이 안타는 상위타선까지 공격을 이끌어낼 실마리이자, 타점을 기대하지 않았던 타순이기 때문에 가뭄에 단비 같이 느껴진다. 만약 이 내야땅볼이 수비수의 결정적인 실책 때문에 안타가 되었다면, 그 안타 하나의 무게감은 상대방에게 극과 극으로 다가간다.

　롯데는 2008년에 8년 만의 포스트시즌 진출에 너무 들떠 준플레이오프에서 단 1승도 챙기지 못한 채 가을잔치의 들러리가 되었다. 큰 경기 경험이 없는 어린 선수들에게 롯데팬들의 긴 기다림은 너무 큰 마음의 짐이 되었고, 이는 타석에 들어설 때 타자들의 마음에 그대로 투영되어 자신 없는 스윙 혹은 루킹 삼진으로 맥없이 물러나야만 했다. 하지만 2009년에는 가을야구가 꿈이 아닌 현실로 다가왔고, 전년도와는 다른 모습을 보여주겠다는 선수들의 자신감도 충만했다. 이는 잠실에서 벌어진 두 경기에서 1승 1패를 거두며, 원정 팀으로서는 최상의 결과를 이루어낸 원동력이 되었다.

●
　야구장은 울퉁불퉁하거나 움푹 파진 곳이 있는가 하면, 잔디도 밖에서 보는 것처럼 표면이 매끄럽지 않다. 야구공 자체도 이상한 바운드를 일으키고, 잘 맞은 안타가 유격수의 글러브로 빨려 들어가기도 하고 불과 1cm의 차이로 파울이냐 페어냐 결정된다. 감독은 '운'을 계산에 넣고 경기를 운영하지 않는다. 어떻게 사람이 '운'을 계산할 수 있을까? 그럼에도 대부분의 경기에서 이런 '운'은 승패에 중요한 부분을 차지한다.

2009년 10월 2일 추석 연휴기간에 벌어진 3차전, 가을잔치에 여름날의 태양이 눈부시게 내리쬐었다. 2회초 1사 2, 3루 상황, 4번 타자 김현수 대신 김동주를 선택했지만 만루홈런을 맞았다. 이날 게임은 이미 이 시점에서 롯데의 패배가 예상되었고, 결과는 1:12로 대패하였다. 다음날 열린 4차전, 이 게임에서 지게 되면 시즌 마지막 게임이 되는, 그야말로 코너에 몰린 상황이었다. 1:0으로 이기고 있던 3회초에 선두타자 볼넷과 연이은 안타로 점수는 1:3 역전을 당했다. 2사 만루 상황에서 평범한 내야땅볼을 조성환이 놓치며, 1:7로 벌어졌다. 초반이었지만 6점은 극복하기 힘든 점수차였고, 선수들은 또다시 내년을 기약하는 무거운 발걸음으로 야구장을 나섰다. 이렇듯 실책은 뼈아픈 결과를 가져다준다.

실수를 줄이는 것은 연습

  롯데는 실책이 많은 팀이다. 다음 페이지의 그래프에서 보듯, 롯데는 최근 5년간 2007년을 제외하고 7개 구단 평균 실책보다 많은 실책을 기록하였다. 최근 5년간 롯데는 7개 구단에 비해 실책의 개수가 평균 7% 많았고, 상위 4개 팀 대비 14% 정도 실책이 많았다. 2006~2008년까지는 팀 간 128게임이었던 것이 2009년부터 133게임으로 늘어나면서 팀 실책의 숫자도 따라서 늘어났지만, 2010년에는 롯데가 유난히 실책이 많은 것을 볼 수 있다.

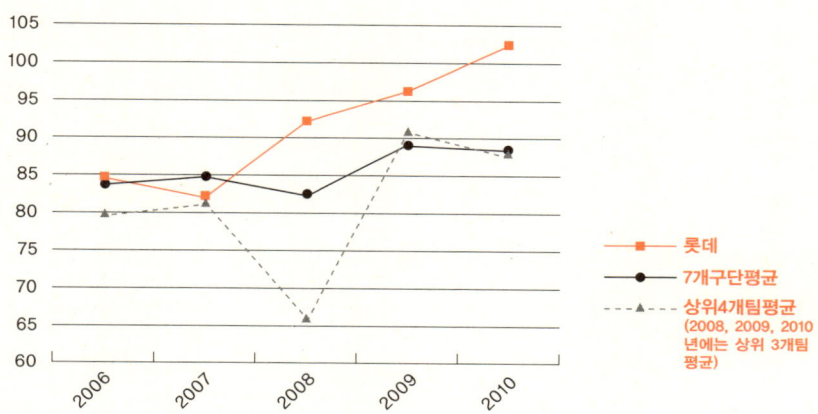

시즌 통산 실책 수(2006~2010년/출처: www.statiz.co.kr)

    2008년 부임한 롯데의 로이스터 감독은 연습의 양보다는 질을 중시하였다. 집중해서 휘두른 한번의 배팅은 집중하지 않은 10번의 배팅보다 낫다는 철학이었다. 하지만 기록이 말해주듯, 실책 수는 줄어들지 않았다. 지금 프로야구에서 뛰는 선수들은 초등학교, 중학교, 고등학교 시절에 늘 야구만 해온 선수들이다. 수많은 경쟁을 이기고 1군 리그에서 뛸 정도면 엄청난 훈련과 연습을 이겨낸 선수들이다. 그런 선수들끼리의 경쟁이라면, 결정적인 순간에 승부를 가늠하는 것은 연습량이 된다.

    SK 김성근 감독은 혹독한 훈련을 시키는 것으로 유명하다. 스프링캠프에서는 선수들의 점심식사 시간이 따로 없을 만큼 시간을 아껴서 훈련을 한다. '일구이무一球二無' 야구에서 공은 하나, 그 다음은 없다는 것이 그의 철학이다. LG 2군 감독 시절 그는 선수들에게 이런 말을 했다.

"너희들이 1군에 올라갔다고 가정해보자. 그런데 경기 도중 갑자기 대타로 타석에 들어서게 되었다. 많은 관중과 낯선 경기장에 당연히 떨릴 수밖에 없다. 그런 상황에서 상대 투수의 실투 하나를 놓치면 그 타석은 끝이다. 그리고 또다시 2군으로 내려오는 것이다. 또 언제 1군으로 올라가게 될지 아무도 장담할 수 없다. 안타를 치느냐 못 치느냐, 그런 상황에서 이것저것 생각해서 움직인다는 것은 불가능하다. 머리가 아니라 몸이 먼저 반응해야 결과물을 만들 수 있다. 하루에도 수천 번씩 스윙을 하며 몸에 익혀둬야 무의식의 상태에서도 좋은 결과를 낼 확률이 높아지는 것이다."

볼보이와 배팅볼 선수로 연봉 300만 원을 받고 한화에 입단한 장종훈 선수는 하루에 3천 번의 스윙을 하며 '딱 3년만 버텨보자.'라고 결심하였다고 한다. 그리고 1990년 홈런 28개, 1991년 35개, 1992년엔 홈런 41개를 치며 명실상부한 홈런왕으로 자리매김하였다. 교과서 같은 점프를 예술로 승화시킨 김연아 선수도 하루에 12시간을 연습만 한다고 한다. 매일같이 뛰고 넘어지기를 반복하면서 지금의 교과서 점프가 나온 것이다. 많

장종훈이 세운 기록보다 더욱 값진 것은 그의 인간성이다. '고졸신화'라 불리는 장종훈에게 목원대학교에서 입학제의가 들어온 적이 있었다. 학교 입장에서는 홍보효과를 노린 제의였다. 장종훈은 이에 "사람들은 저를 고졸신화라고 말합니다. 칭찬으로 하는 말이지만 고등학교밖에 졸업하지 못한 저로서는 그 별명이 좋을 리 없습니다. 그러나 제가 원하지 않았어도 전 고졸신화가 되어버렸습니다. 근데 제가 대학에 입학한다면 고졸신화는 사라지는 겁니다. 혹시 모르잖아요. 자신의 학력을 부끄러워하는 사람들에게 제가 희망일지도… 전 그런 사람의 희망을 꺾을 수 없었습니다."라고 거절하였다고 한다.
또, 쌍방울과의 경기에서 장종훈이 친 타구가 김원형의 안면을 강타했다. 하지만 그는 1루로 뛰지 않고 투수를 향해 달려갔다. 결과는 아웃이었지만 빈볼시비가 끊임없는 최근의 야구를 볼 때면 그의 값진 아웃이 더욱 그리워진다. 장종훈 선수는 8개 구단 모든 팬들의 박수를 받으며 2005년 은퇴하였다.

은 연습량으로 몸에 자연스럽게 밴 동작은 당장 눈에 보이지는 않지만 장종훈 선수나 김연아 선수처럼 결정적인 순간에 빛을 발하게 된다.

품질경영 식스시그마

식스시그마• 전략은 1990년대 말 국내 대기업에서 시작된 품질개선 활동이다. 이 활동의 목표는 제품 100만 개당 불량품을 3.4개 이하로 줄이는 데 있었다. 제품의 불량률은 야구에서의 에러와 같다. 에러를 줄이면 게임에 이길 확률이 높아지듯, 불량률을 낮추면 고객의 만족도가 올라갈 것이다. 이 품질경영전략은 1980년대 말 미국의 모토로라에서 시작한 운동으로 GE, TI, 소니 등 세계적인 기업에서 채택하여 널리 알려지게 되었다.

일반적으로 알려진 바와 달리 식스시그마 전략은 "불량률을 100만 개 중에 3.4개 이하로 유지하자."며 제품의 품질만 강조하는 경영철학이 아니다. 종업원들의 사고방식, 일하는 태도 등 품질을 최우선으로 만드는 방향으로 기업문화를 조성하는 것을 의미한다. 구호를 외치고 직원을 교육시키며 품질기준을 준수해야 한다는 권고 수준에 머물렀던 과거의 품질관리와 달리, 식스시그마는 구체적이고 정량적인 목표를 설정하고 관

•품질혁신과 고객만족을 달성하기 위해 전사적으로 실행하는 21세기형 기업경영 전략

리하는 데 큰 차이점이 있다. 식스시그마 경영전략은 효율과 성과가 최우선 가치였던 제조업 시대를 지나 자율성과 창의성이 중요시되는 지식정보화 시대에 걸맞지 않다는 평가도 있지만, 식스시그마의 핵심가치는 시대를 초월하는 힘이 있다.

애니콜 화형식

1995년 3월 9일에 삼성전자 구미공장 운동장에서 일어난 일이다. "품질은 나의 인격이요, 자존심!"이라 적힌 현수막 아래 2천여 명의 직원들이 모여 들었다. 그들은 모두 '품질 확보'라고 적힌 머리띠를 두르고 있었다. 그 중 몇 명의 손에는 해머가 들려 있었다. 잠시 후 구미공장 하늘은 기계가 박살날 때 나오는 소음으로 가득 찼다. 그날 삼성전자 직원들은 무려 500억 원어치, 15만 대의 휴대폰과 무선 전화기가 해머에 맞아 폐품으로 전락하는 모습을 지켜봐야 했다.

그 당시 삼성전자에는 "무슨 일이 있어도 생산 라인을 멈추지 않는다."라는 불문율이 있었다. 생산라인 가동 중단은 매출 감소로 이어지고, 설사 불량품이 섞인 제품을 내다 판다 할지라도 이미 수백억 원의 흑자를 창출하기 때문에, 당시 삼성전자에서는 불량품이 생겨도 생산라인을 멈추지 않았다.

하지만 연초부터 판매된 휴대폰에 불량품이 있다는 보고를 받은 이건희 회장은 시장에 출고된 제품을 모두 회수하여 소각하도록 지시했다. 그리고 생산공정 중에 문제가 발생하면 지위고하를 막론하고 생산라인 전체를 멈추고 며칠이 걸리든 몇 달이 걸리든 전 직원이 그 문제의 원인을 찾고 해결하도록 지시했다. 라인 스톱제가 생산문화로 자리 잡고 난 후, 국내 4위였던 삼성전자의 휴대폰은 빠른 속도로 일본을 따라잡았을 뿐 아니라 세계 1위로 발돋움했다.

타고난 천재들이 있다. 전성기 시절 이종범 선수를 떠올려보면 '천재'를 제외하곤 이 선수를 수식하는 적당한 단어를 찾기는 힘들다. 팀의 붙박이 유격수 포지션을 소화하는 것도 모자라 3할대 타율을 치고, 진루를 하면 쉴 새 없이 도루를 하고 외소한 몸으로 멋진 포물선을 그려내는 홈런까지 치는 선수는 인간이 아니라 사이보그 같이 느껴진다. 그래서 김응룡 감독이 "이종범은 20승 투수와도 바꿀 수 없다."고 했는지도 모른다.

"향후 30년 동안 한국은 일본에 절대 이길 수 없다고 생각하게 해주겠다."라는 도발적인 망언 때문에 한국 사람들의 미움을 한 몸에 받았던 이치로 선수도 천재다. 메이저리그에서 10년간 3할대 타율과 200개 이상의 안타를 치고, 뛰어난 송구능력과 빠른 발로 넓은 수비범위를 자랑한다. 이런 이치로 선수를 보면 아무리 얄미워도 야구천재라는 점은 부인하기 어렵다.

하지만 이종범이나 이치로처럼 야구를 위해 타고난 천재라도 연습 없이는 프로야구에서 버티기 힘들다. 결과적으로는 큰 성공을 일구어냈던 '애니콜 화형식'과 '라인 스톱제'이지만, 이것을 처음에 도입하는 것은 쉽지 않았다. 매출과 이익의 감소를 떠안아야 할뿐더러, 모든 직원들이 이 제도를 받아들이도록 변화하는 데에도 큰 진통을 겪어야만 했다. 하지만 이런 고통이 없었다면 오늘날의 삼성전자는 없었을 것이란 점도 자명하다.

이러한 식스시그마는 제조회사에만 적용되는 것은 아니다. 고객서비스의 대표주자인 에버랜드에서는 2001년부터 식스시그마를 적용하여 고객 입장시간 감소, 놀이기구 대기시간 감소 등의 효과를 보았다. 더욱 놀라운 것은 독수리나 매 등의 맹금류 공연에도 식스시그마를 적용하였다는 점이다. 에버랜드에서는 맹금류 공연을 오픈하기 불과 6개월 전만 해도 실패율이 93%에 달해서 공연을 포기할 지경에 이르렀고, 이를 해결하기 위해 식스시그마 기법을 적용했던 것이다. 그렇게 프로젝트팀을 투입하여 미끼, 바람의 속도, 맹금류의 체중 등 공연 실패에 영향을 주는 요소를 면밀히 분석한 결과 에버랜드의 맹금류 공연의 실패율은 0.3%로 줄어들 수 있었다.

관중을 감동시키는 것은 천재적인 플레이가 아니라, 꾸준한 연습을 한 사람만이 보여줄 수 있는 허슬플레이 hustle play•다. 그리고 관중을 실망시키는 것은 상대팀에게 안타를 허용한 것이 아니라, 어이없는 실책이다. 불량률을 줄이는 식스시그마 운동이나 삼성에서 애니콜 화형식을 했던 것도 고객을 실망시키지 않기 위해서 열심히 노력한 결과이다. 고객에게 감동을 주는 것이 어렵다면 적어도 실망시키는 일은 없어야 한다.

• 몸을 아끼지 않고 열심히 하는 모습을 보이는 경기

스마트하게 식스시그마를 이용하라

식스시그마는 원래 통계 용어다. 그리스 문자인 시그마(σ)는 통계에서 표준편차를 의미한다. 100만 번에 서너 번 에러가 나는 수준을 6시그마(식스시그마)로 보면 된다(백만 개의 생산품 중에서 불량품이 6개 이하).

경영혁신 수단으로서의 식스시그마 운동은 제품설계 제조 및 서비스의 품질을 실질적으로 무결점 품질을 달성하자는 것이다. 이런 무형의 것을 객관적인 통계 수치로 나타낼 수 있기 때문에 제품, 업종별 프로세스가 달라도 객관적으로 제품, 서비스 및 프로세스의 적합성 즉 고객 만족의 달성 정도를 명확히 측정할 수 있다. 또한 시그마 수준을 높일수록 제품의 품질은 높아지고 원가는 떨어지므로 고객만족 경영을 달성하는 기업 전략으로서의 의미를 가진다.

가장 중요한 것은 철학으로서의 식스시그마 의미다. 기업 내에서 무조건 열심히 하는 '돌쇠'보다는 스마트(Smart)하게 일하도록 하는 방향을 제시하는 것이다. 제품을 생산, 제조하는 방식부터 구매 및 사후 관리까지 모든 작업에서 실수를 줄이자는 의도다. 혁신과 변화를 바라는 조직은 프로세스를 개선해야 하고, 그 과정이 바로 식스시그마 운동이다. 또한 이러한 총체적 프로세스를 바꾸는 것보다 더 중요한 것은 종업원 전체의 가치관도 바꾸어야 한다는 점이다.

| 분당 서울대병원이 추진한 식스시그마 활동 사례 |

- 의무기록 질 향상을 위한 효과적인 관리체계 구축
- 진료안내 프로세스 개선을 통한 고객 서비스 혁신
- 효율적인 고객중심 입, 퇴원 프로세스 구축
- 정확하고 신속한 항암제 투여를 통한 고객만족 실현
- 고객이 만족할 수 있는 적정진료 대기시간의 달성
- 검사 대기시간 단축을 통한 고객 만족도 향상
- 무병장수를 위한 평생 고객건강관리 향상 방안
- 구매 프로세스 개선을 통한 구매기간 단축 및 물품 적시 공급
- 효율적 보험 청구 시스템 개발
- 효율적인 폐기물 관리를 통한 친환경 병원 조성
- 효율적인 에너지 이용을 통한 자원 및 환경 보존

 등

안타보다 밀어내기 실점이 더 뼈아프다

🔸 타격은 두려움이다

   사람은 누구나 신체를 보호하려는 본능이 있다. 두려울 때나 무서울 때, 외부에서 큰 자극이 올 때 우리는 어떤 포즈를 취할까? 대부분 웅크린 채 두 팔로 몸을 감싸는 자세가 된다. 이처럼 팔은 위기 순간에 신체를 보호하기 위해 본능적으로 반응한다.

   타자가 타석에 들어서면 가장 먼저 느끼는 것이 두려움이다. 150km의 속도로 날아오는 강속구가 팔꿈치나 정강이, 손목, 얼굴 등 약한 부위에 정면으로 맞았다고 상상해보라. 아무리 강타자라 할지라도 사람인지라, 공이 몸쪽으로 날아오면 무의식적으로 피하게 된다. 하지만 타자들의 팔은 배트를 쥐고 있기 때문에 공이 몸쪽으로 와도 순간적으로 보호하기 어렵다. 그래서 타자들이 더욱 두려움을 느끼는지도 모른다. 그래서 레너드 코페트는 『야구란 무엇인가』라는 책에서 타격이란 인간이기 때문에 공을 피해야 하는 본능과 타자이기 때문에 공을 쳐내야 하는 이율배반적인 행위라고 했다.

투수들이 몸쪽 깊숙한 곳에서 공을 던지는 이유는 이런 타자들의 본능적인 두려움을 이끌어내기 위한 것이다. 몸에 맞을 뻔한 공이 지나간 후에는 누구에게나 그 잔상이 남아 있다. 그래서 다음 공에는 타석에 바짝

2010년 8월 22일 두산전. 6회 이대호 선수의 홈런 장면(출처: 롯데 자이언츠 홈페이지)

다가설 수 없다. 투수는 이 틈을 노려 바깥쪽으로 공략을 하고, 타자는 배트 중심에 공을 맞추기 힘들다. 그래서 메이저리그에는 "친구를 만들려면 바깥쪽 공을, 돈을 벌려면 몸쪽 공을 던져라!"라는 격언이 있고, 김시진 감독은 "몸쪽 공은 투수의 권리"라고도 했다.

냉혹한 승부의 세계에서 이기기 위해서 투수는 몸쪽 공을 던질 줄 알아야 한다. 그래야 자신이 게임을 이끌어나갈 수 있다. 9회말 1사 3:3 동점에 만루 상황이라는 절체절명의 위기라 할지라도 몸쪽 공을 던지며 과감하게 타자와 승부를 해야 한다. '혹시 이 공이 타자의 몸에 맞아서 밀어내기 역전을 허용하면 어떻게 할까?'라는 두려움을 가지게 되면, 타자의 본능적인 두려움을 자신이 덜어주는 셈이 된다. 안타를 맞을까 두려워 도망가는 피칭을 하다 보면 볼카운트가 불리해지고 밀어내기 포볼로 역전을 허용하는 상상하기도 싫은 순간이 온다.

실패를 통해 성장한다

진짜 야구선수라고 착각할 만큼 배우 정재영의 역할이 빛났던 영화가 있다. 청각장애인의 봉황기 전국대회 도전기를 그린 야구 영화 〈글러브〉이다. 이 영화에서는 값진 1패의 소중함을 보여준다.

야구는 오감으로 하는 운동이지만 '청각'은 '시각'만큼이나 중요하다. 야구를 직접 해보면, 외야로 뻗어나가는 뜬 공을 잡는 일이 보는 것만큼 쉽지 않다는 것을 알게 된다. 마운드에 선 투수의 그날 구질과 컨디션을 감안하고 매번 바뀌는 타자를 어떤 공으로 승부하는지, 또 타자는 어떤 공을 칠지에 대한 예상을 해야 한다. 지금 루에 주자가 있는지 없는지를 고려해서 공을 잡은 뒤, 홈으로 송구할지 커트 플레이를 할지 대비해야 한다. 외야로 공이 안 간다고 해서 수비하는 동안 외야수들이 쉬는 것은 아니다. 선수들은 이런 복잡한 상황을 늘 머릿속에 그리고 있다.

만약 예상한 대로 플레이가 이루어지지 않는다면 상황에 맞게 순간 판단을 내려야 하는데, 이때 가장 중요한 것이 '청각'이다. 배트에 볼이 맞는 '소리'를 듣고 반사적으로 공이 낙하하는 지점을 찾아야 하기 때문이다. 공이 맞는 것을 보고 뛴다면 외야 플라이성 타구가 안타로 둔갑해버린다.

결국 청각장애인 충주성심학교 야구단은 고교최강 군산상고에게 연장 12회까지 가는 혈투 끝에 패하지만, 그들은 1패를 통해 장애를 안고 이 세상을 살아가는 법, 동료를 믿는 마음 그리고 인생을 살아가는 방법을 배우게 된다. 물론, 청각장애인 야구단을 이끌었던 프로야구 간판투수 김상남도 이 영화를 통해 음주폭행과 프로야구 영구제명이라는 오명을 딛고 일어서는 계기가 된다. 이처럼 1패가 1승보다 값진 순간이 있다.

영화 〈글러브〉 (출처: www.glove2011.co.kr)

🎾 혁신을 하지 않는 쪽이 더 위험하다

다시 9회말 3:3 1사 무사 만루 절체절명의 위기로 돌아가보자. 당신이 만약 경기를 밖에서 지켜보는 제3자의 입장이라면 감독과 배터리*에게 뭐라고 하겠는가? '지금은 철저히 도망가야 할 때'라고 하겠는가 아니면 '지더라도 안타를 맞고 져라. 밀어내기 볼넷이든, 안타든 지는 건 마찬가지다'라고 하겠는가? 이 마인드는 마케터에게도 똑같이 적용된다. 글로벌 경제 지도의 변화, 인구 지도의 변화, 공급과잉, 저성장, 심각한 경제 위기의 발생 등 기업경영환경은 결코 만만하지 않다. 그래서 피터 드러커는 『혁신과 기업가정신』에서 모든 경제적인 활동에 위험이 동반되는 것은 당연하다고 전제를 했지만 '어제를 지키는 것', 즉 혁신을 하지 않는 쪽이 '내일을 만드는 것'보다도 더 큰 위험을 동반한다고 지적했다.

전세계 마우스 시장점유율 1위, 마우스, 키보드 등 컴퓨터 인터페이스 기기생산업체인 로지텍은 처음부터 일반 소비자를 상대로 제품을 파는 회사가 아니었다. 1980년대 HP, 애플, IBM 등 세계적인 컴퓨터업체에 OEM**으로 마우스를 납품하는 중소업체였다. 하지만 아이러니하게도 컴퓨터의 수요가 늘어나면서 마우스 납품이 어려워졌다. 당시 소비

● 야구에서 짝을 이뤄 경기하는 투수와 포수를 '배터리'라고 한다.

●● OEM은 Original Equipment Manufacturing의 약자로 A, B 두 회사가 계약을 맺고 A사가 B사에 자사 상품의 제조를 위탁하여, 그 제품을 A사의 브랜드로 판매하는 생산방식

로지텍의 무선 키보드와 마우스
(출처: 로지텍 홈페이지)

자들은 컴퓨터를 고를 때 마우스나 키보드보다는 CPU, 램 등에 관심이 많았기 때문에 컴퓨터업체로서는 주변기기를 저가 중국제품으로 바꾸는 것이 현명한 선택이 되었다.

이에 로지텍은 일반 소비자에게 직접 판매하려는 정면승부수를 띄웠다. 마케팅 부서와 세일즈 부서를 신설하고 마우스 기술을 범용화하여 판매점을 열었다. 동시에 무선 마우스, 무선 키보드, 무선 레이저 마우스 등 신기술을 도입한 상품을 끊임없이 출시하면서 일반 소비자들에게 브랜드를 알려나갔다. 그 결과 마우스로 세계시장 점유율 1위의 자리에 오를 수 있게 되었다. 만약, 컴퓨터업체들이 중국 저가 마우스로 교체를 할 때, 로지텍에서 소비자시장으로 혁신을 하지 않고 저가 마우스를 생산하는 방향으로 전략을 수립했다면, 지금의 로지텍은 없었을 것이다.

꿈을 만드는 공장 '알레시ALESSI'는 1921년 조반니 알레시가 설립한 소규모 공장이다. 지금은 60개국 수출기업으로 성장하였다. 알레시에는 새싹모양의 변기청소 솔, 악마가 그려진 병따개, 물이 끓을 때 새소리를 내는 주전자 등 독창적인 디자인으로 단조로운 주방에 유쾌함과 신선함을 주는 제품이 가득하다.

하지만 알레시가 만드는 제품이라고 모두 성공하는 것은 아니었다. 오른쪽 알레시의 주전자는 대표적인 실패작이다. 원뿔형의 아름다운 주전

'안나' 라는 이름이 붙어 있는 알레시의 와인 오프너● (출처: 알레시 홈페이지)

자이지만 손잡이와 주전자 몸체가 같은 알루미늄 재질로 만들어져서 물을 끓이고 나면 손잡이까지 같이 뜨거워지기 때문이다. 보통의 기업이었다면 이런 실패작들은 폐기처분하는 것이 당연하다. 하지만 알레시는 '실패 박물관'을 만들어서 실패한 작품들을 전시하였다.

그리고 직원들을 실패 박물관에 수시로 방문하게 하여 실패 원인을 분석하고 발전된 제품을 만드는 계기가 되도록 활용되고 있다. 알레시의 CEO인 알베르토 알레시는 "나는 내 주위 사람들에게 1년에 1~2개의 대실패를 하는 것이 얼마나 중요한지 늘 이야기한다. 알레시가 대실패 없이 2~3년

알레시의 알루미늄 주전자

● 무용가 여자친구에게 영감을 받아 알렉산드로 멘디니가 만든 오프너. 와인을 열 때 마치 오프너가 발레리나처럼 춤을 추는 것처럼 보인다.

간다면, 우리는 디자인계에서 선두를 잃게 될 것이다."라고 말했다.

또 다른 사례로는 일본의 유바리시夕張市를 들 수 있다. 유바리시는 원래 탄광촌이었는데 석탄산업이 쇠퇴의 길에 접어들자 마을의 폐광갱도를 관광자원으로 활용하고 테마파크를 조성해 도시개발의 대표적 성공모델로 자리 잡았다. 하지만, 90년대 초 일본 버블 붕괴로 관광산업이 침체기에 들어서자 유바리시는 누적적자 360억 엔으로 파산할 수밖에 없었다. 이에 유바리시는 공무원의 1/3의 퇴직신청을 받고 급여를 40%까지 삭감하면서 재기를 꿈꾸었다. 그렇게 만든 관광 테마가 바로 '유바리 다큐멘터리 투어'였다. 그들은 폐광갱도를 테마파크로 조성하면서 성공가도를 달리자 방만하게 투자했던 현장이나 예산이 대폭 삭감된 복지시설의 현실 등을 고스란히 담아 소개하는 관광상품을 만들었다. 이 투어는 1인당 1박2일 코스로 숙박료를 제외하고 약 5천 엔에 팔리고 있다. 이 관광코스에 오는 사람들은 유바리시의 '실패'를 사는 것이다.

마케팅 전략을 세우다 보면 '실패하면 어쩌지'라는 걱정이 들게 마련이다. 막대한 광고비, 제품 제작비 등 작게는 수천만 원에서 수백억 원에 이르는 돈으로 마케팅을 했지만 아무런 성과를 못내는 상황은 상상하기도 싫다. 하지만 이런 생각에 빠지다 보면 어제와 같은, 안일한 기획만 나오게 된다. 어차피 맞을 거라면 크게 맞자. 투수의 적극적인 승부는 1사 만루의 위기상황을 병살로 깔끔하게 마무리할 수 있다.

혁신과 기업가정신을 잊지 마라

'혁신Innovation'과 '기업가정신Entrepreneurship' 하면 생각나는 사람은 경영의 구루 피터 드러커다. 그의 저서 『미래 사회를 이끌어 가는 기업가정신』에서 혁신과 기업가정신이 단순히 기업세계에 국한된 개념이 아니라 모든 분야에 적용 가능한 보편적 개념이라고 강조했다. 드러커는 기업가Entrepreneur에 대해 "변화를 탐구하고, 변화에 대응하며, 변화를 기회로 이용하는 자"라고 정의한다. 또한 기업가정신이야말로 일종의 과학도, 기술도 아닌 오직 '실천'일 뿐이라고 강조한다. 출간된 지 수년이 지난 이 책에서 드러커는 이미 세계경제가 '관리 경제'에서 '기업가 경제'로 변화하고 있음을 의미 있게 지적한다. 또한 드러커는 다른 그의 저서 『위대한 혁신』에서 혁신은 기존의 자원이 부를 창출하도록 새로운 능력을 부여하는 활동이라 정의하였다.

미국의 움프쿠아 은행은 다른 은행들이 상품 개발에 많은 비용을 할애하고 있는 동안 상품의 '전달방식'에 차별을 두기로 하고, 오리건주 지역의 최고의 은행으로 포지셔닝하였다. 특정 인기 상품의 개발은 바로 경쟁자의 복제로 이어져 작은 은행으로서 차별화된 브랜드 구축이 힘들겠다고 판단하였다. 그들은 자신들의 경쟁 상대는 미국 내 대형은행이 아니라 스타벅스라 생각하였고, 영업점을 지점Branch라 하지 않고 매장Store이라고 부르며, 지점장을 은행장이라 호칭하였다. 그리고 그 매장 내에 자신의 스몰 비즈니스 고객들이 생산한 제품을 전시하며 고객의 성공 지원을 '실천'하고 있다. 진정한 기업가정신과 혁신을 이뤄낸 최고의 사례라 말할 수 있다.

안 된다고 생각하는 부정적인 사고가 슬럼프를 부른다.

박찬호

가격전략을 세울 때는
박스석, 지정석, 외야석을 생각하자

⚾ 특별석 가격만 오른 이유

2008년부터 야구장 티켓 예매도 공연이나 극장표처럼 좌석을 지정해서 예매할 수 있게 되었다. 좋은 자리를 선점하기 위해 야구장으로 빨리 달려갈 필요가 없어진 것이다. 물론, 예매 시작 시간에 맞춰 클릭을 하는 수고는 해야 한다.

2000년대 초반에는 신용카드만 있으면 야구장 무료입장이 되었다. 즉, 카드를 만들기만 해도 야구장 티켓을 주는 셈이었다. 당시는 카드사들이 몸집을 키우기 위해 과도한 카드발급과 부가서비스를 제공하며 공격적인 마케팅을 펼치던 때였다. 결국 2003년에 카드대란이 일어나 모든 혜택이 사라졌지만, 그 전까지는 신용카드 한 장으로 야구장 무료입장의 달콤한 혜택을 누릴 수 있었다.

지금은 주중, 주말, 혹은 좌석에 따라서도 야구 입장료가 세분화되어 있다. 야구 좌석도 매우 다양해졌는데 좌석에 테이블이 있어서 편안하게 야구를 볼 수 있는 테이블석, 응원을 만끽할 수 있고 인터넷으로 자리도 직접 고를 수 있는 지정석, 경기에서 반걸음 물러나 전체를 조망할 수 있으며 운이 좋으면 홈런볼도 잡을 수 있는 외야석이 있다. 당연히 가격은 점점 낮아진다. 야구장에 어린이를 데리고 가고 싶은데, 애들이 아직 어려서 위험하게 느껴질 때는 박스석을 이용하면 된다. 박스석은 가족단위뿐만 아니라 야구동호회의 단체관람이나 직장인의 회식 장소로도 쓰인다.

야구장을 찾는 고객이 늘어나면서 입장료도 좌석에 따라 적게는 10%,

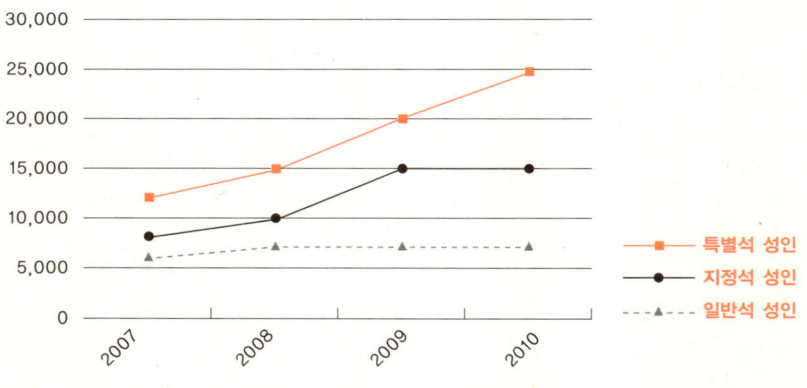

좌석별 가격 추이(출처: 롯데 자이언츠 홈페이지)

많게는 50%까지 올랐다.

성인기준 가격만 보면 특별석이 가장 많이 올랐다. 2007년에는 12,000원이었던 가격이 2010년에는 25,000원으로 4년 만에 2배 넘는 가격상승률을 보이고 있다. 이에 반해 일반석은 2007년에 6,000원이던 가격이 2010년에는 7,000원으로 비슷하다. 여기에 가격전략의 핵심이 숨어 있다.

많은 사람들이 간과하고 있는 점은 야구 구단도 기업이라는 것이다. 대부분의 구단주들은 자신의 기업체에 큰 위기가 있지 않는 한, 야구 구단에서의 적자를 일정 수준까지는 감수한다. 하지만 구단주들이 스포츠의 발전을 위해 자발적으로 손해를 감수하진 않는다. 만약, 사업에서의 이득과 구단의 승리 중에서 하나를 선택하라고 한다면, 구단주들은 틀림없이 승리보다는 이익을 택할 것이다. 그러면 이익을 우선 추구하는 야구 구단 입장에서는 왜 특별석 가격만 올린 것일까?

가격전략을 생각할 때 고객 특성을 생각하지 않을 수 없다. 우선, 특별석을 이용하는 고객을 생각해보자. 그 고객층은 입장료보다는 좋은 자리에서 편안하게 야구를 보는 것이 더 중요한 사람들이다. 그들은 특별석의 가격이 오른다고 해서 일반석에서 관람하지는 않을 것이다. 하지만 일반석을 이용하는 고객층은 좋은 자리에서의 야구관람보다는 가격에 민감한 경우이다. 따라서, 일반석 가격이 오르면 야구장에 가는 것보다 집에서 TV로 중계를 보는 것을 선택할지도 모른다. 특별석만 가격을 많이 올린 것에는 이런 분석이 뒷받침되어 있다.

게다가 한국에서의 야구 구단 이미지는 이윤창출의 기업보다는 대기업들의 사회적 활동이라고 생각하는 경향이 강하다. 야구장 입장료를 과하게 올릴 경우 사회적인 지탄을 받을 수도 있다. 따라서 평균 입장료를 많이 올리지 않기 위해 숫자가 작은 특별석의 가격은 많이 올리고, 객석이 많은 일반석의 가격은 적게 올리는 것이다. 이렇게 하면 가중평균으로 계산되는 평균 입장료는 많이 오르지 않게 된다. 대신 특별석의 가격은 높고 매진 확률이 높기 때문에 전 좌석이 매진되는 경기가 아니라 할지라도 입장료 수익은 많이 거둘 수 있다.● 특별석의 가격을 많이 올린 것은 사회적 책임과 이윤창출의 두 마리 토끼를 동시에 잡은 가격전략이다.

🎾 기업에게 적절한 마진과 고객에게 어필하기 위한 가격의 균형

"어느 시장에나 두 종류의 바보가 있다. 하나는 가격을 너무 낮게 부르는 사람이고, 다른 하나는 너무 높게 부르는 사람이다."라는 러시아 속담이 있다. 가격을 너무 높게 책정하면 이익은 많이 날지 모르겠지만 물건을 팔기 어렵고, 반대로 가격이 너무 싸면 많이 팔수록 오히려 손해를 보는 사태가 벌어진다. 인터넷 검색만 해도 같은 제품의 가격비교를 한 눈에 할 수 있고, 스마트폰으로 바코드만 검색해도 최저가를 알려주는 시대

● 2010년 특별석 좌석점유율은 89.0%, 일반석 좌석점유율은 55.6%였다.

를 살고 있는 똑똑한 소비자들에게 무조건적인 저가정책이나 고가정책이 어필할 리 만무하다.

고객들은 좋은 품질의 제품을 합리적인 가격에서 사고 싶어 한다. 하지만 안타깝게도 품질과 가격은 트레이드 오프 trade off● 관계에 있다. 싼 가격으로는 좋은 품질의 제품을 사기 어렵고, 낮은 품질의 제품은 높은 가격을 받기 어렵다. 양립하기 어려운 품질과 가격 사이의 적절한 균형점을 찾는 것이 가격전략의 핵심이다.

2007년 노트북 시장에서 1%를 차지하던 넷북은 2009년 18%로 급등했다. 이렇게 넷북이 급성장한 배경에는 시장의 60%를 석권한 아수스Asus와 에이서Acer 두 대만업체가 있다. 이들은 보통 100만 원 가까이 하는 노트북을 절반 가격인 50만 원대로 공급하면서 노트북 시장을 빠른 속도로 점유해나가고 있다. 그러면 과연 어떻게 절반 가격이 가능했던 것일까? 컴퓨터 부품의 90%를 생산하는 대만업체의 대량구매로 원가가 낮아졌다는 것도 한몫했다. 하지만 우리가 눈여겨봐야 할 점은 스펙을 줄여 원가를 낮춘 모습이다.

대부분의 소비자는 인터넷으로 뉴스를 보고 이메일을 확인하며 음악을 듣고 영화를 보는 데 노트북을 사용한다. 따라서 게임이나 그래픽작업을 하지 않는 일반 소비자에게는 높은 사양의 컴퓨터가 필요없다. 아수스는 이점에 주목하였다. 불필요한 소프트웨어나 고사양의 하드웨어 대신

● 두 개의 목표 중 하나를 달성하려고 하면 다른 목표의 달성이 늦어지거나 희생되는 경우의 관계

인터넷 사용을 최적화시키고 이동성을 높여, 작고 가벼운 노트북을 출시한 것이다. 무겁고 비싼 노트북보다는 가볍고 싼 넷북을 선택하는 소비자가 점점 많아지면서 자연스럽게 브랜드 인지도도 높아졌다.

2009년 혼다는 저가형 하이브리드차 인사이트를 도요타의 프리우스보다 20% 가까이 싼 가격으로 출시하였다. 인사이트는 전기모터 단독으로는 주행할 수 없고 가솔린과 전기 두 가지의 동력을 모두 사용한다. 따라서 혼다의 인사이트는 100% 하이브리드차라고 볼 수도 없을뿐더러, 연비도 낮기 때문에 기술적으로는 도요타의 프리우스에 밀린다. 하지만 고객들은 인사이트를 선택했다. 그 이유가 무엇일까?

고객들이 하이브리드차를 선택하는 이유는 일반 차에 비해 유해가스 배출량이 적은 친환경적이라는 것과 연비가 높기 때문이다. 풀하이브리드차인지, 가솔린과 전기동력을 동시에 사용하는 간이형 하이브리드인지 기술적인 것에는 큰 관심이 없다. 혼다는 이에 주목을 했던 것이다.

아수스의 넷북과 혼다의 인사이트에서 볼 수 있듯이 가격경쟁력이란 무조건 낮은 가격의 제품을 공급하는 것이 아니라, 고객이 원하는 기능의 상품을 원하는 가격에 공급하는 데서 나온다는 점을 알 수 있다.

혼다 인사이트(출처: 혼다 홈페이지)

🔴 좋은 품질과 낮은 가격, 물과 기름을 섞는 비법

　1920년대 GM의 CEO 알프레드 슬론은 '규모의 경제'● 대신 '범위의 경제'●●를 달성해야 포드를 이길 수 있다고 생각했다. 제품의 다양성을 유지하면서도 가격을 적절히 유지하기 위해서는 규모의 경제가 아니라 범위의 경제가 필요하며, 생산단가를 낮추기 위해서는 '공통된 플랫폼'이 필수적이라고 생각했다. 이에 GM은 부품을 공용화해 다양한 자동차를 출시한 반면, 포드의 모델T는 1927년에 결국 단종되었다. 알프레드 슬론이 만년 2위였던 GM을 업계 1위로 올리며 산업의 틀과 역사를 바꾼 순간이었다. 빌게이츠는 "단 한 권의 경영서를 읽어야 한다면 그것은 슬론의 자서전●●●이다."라고 할 만큼, 알프레드 슬론의 경영철학은 수십 년이 지난 지금까지도 살아 있다.

　'범위의 경제'의 핵심은 사업 라인업을 다양하게 하는 것이 아니라, 공통의 플랫폼을 갖춰 규모의 경제를 달성하는 것이다. 그렇지 않으면 경쟁력 없는 비즈니스에 무작정 뛰어드는 결과를 초래한다. 1990년대 말 대우

●
규모의 경제Economies of scale : 생산량이 많으면 생산비용이 감소된다는 점에 착안. 제품수를 줄이고 제품당 생산량을 늘리는 것이 유리하다. 하지만 소비자의 선택권은 제한된다는 한계가 있다.

●●
범위의 경제Economies of scope : 규모의 경제와 개념은 비슷하지만, 접근방식이 다르다. 규모의 경제는 생산량을 늘려서 생산비용을 감소한다는 데 착안했던 반면, 범위의 경제는 서로 다른 제품을 생산하면 제품당 평균비용이 줄어든다는 데 착안한 것이다. 이것은 기업 다각화의 핵심이론으로 자리 잡았다.

●●●
『My years with General Motors(1964년)』

사태 역시 범위의 경제를 달성하지 못했기 때문에 일어났다.

4는 死(죽을 사)와 발음이 같아서 우리나라뿐 아니라 동양권에서는 터부시되는 숫자이다. 하지만 4만큼 짝이 들어맞는 숫자도 없다. '네모의 꿈'이란 노래도 있듯, 우리 주변의 물건들은 대부분 4개의 선과 4개의 점이 있는 네모다. 야구장의 다이아몬드도 4개의 루와 4개의 베이스라인으로 이루어져 있다. 봄, 여름, 가을, 겨울 4계절이며, 동, 서, 남, 북 방위도 4개이며, 2+2, 2×2, 2^2 모두 4가 되어 완벽한 균형이 느껴진다. 이처럼 터부시되는 숫자 4를 주변에서 많이 볼 수 있다는 것은 죽음과 삶이 다르지 않다는 것을 나타낸다.

가격전략은 잘 이용하면 기업의 매출증대와 이익창출에 약이 되지만, 잘못하면 한 기업이 망해버릴 수도 있는 양날의 칼과 같다. 적정가격을 통해서만 기업체의 마진과 고객의 니즈가 만날 수 있다. 롯데 구단이 특별석만 가격을 올린 이유, 아수스의 넷북과 혼다의 인사이트가 시장에서 성공한 이유도 물과 기름 같은 '기업의 마진'과 '고객의 만족'을 적절한 가격전략으로 서로의 균형점을 찾았기 때문이다. 하지만 가격전략을 세우는 것은 고객의 니즈와 기업의 마진을 동시에 고려해야 하기 때문에 상당히 어렵다. 따라서 이럴 때는 '규모의 경제'가 아니라 '범위의 경제'를 통해 가격 최적점을 찾아보자. 보이는 상품이든 보이지 않는 상품이든 공통 플랫폼을 통해 제품의 단가를 낮추고, 이를 기반으로 고객의 니즈에 맞는 다양한 상품을 경쟁력 있는 가격으로 공급해보는 것이다.

가격전략에 총력을 기울여라

가격은 경제원론 상 수요와 공급이 일치되는 점에서 형성된다고 배웠다. 여전히 맞는 말이다. 증권시장에서 주식값이 떨어지면 증권사 애널리스트들이 참으로 어려운 용어들을 동원해가면서 그 상황을 설명한다. 그런데 내일 오를 것인지 내릴 것인지에 대해서는 자신 없는 코멘트로 마무리한다. 왜냐하면 잘 모르기 때문이다. 또한 장이 마감된 후 증권사 지점에 전화하여 "오늘 주식 값이 왜 이렇게 내렸죠?"라고 물어보면 구구절절 아주 명쾌하게 답해준다. 여전히 어려운 용어들을 남발하여 표현하는데, 그나마 명쾌한 답은 "수급이 깨졌다"란 말이다.

시장에는 주로 주도 세력(증권시장에서는 외국인 투자자)의 매도 공세 규모에 따라 시장 등락이 결정된다. 어느 시장이건 주도 세력이 있고 그들이 시장을 리드하며 가격 결정에 많은 영향을 미치게 되는 것이다.

현재 한국 증권시장에 몇몇 온라인 전문 증권사가 활동하고 있다. 근래 들어 금융회사들의 가장 큰 문제 중 하나가 비용 구조인데, 이 비용에는 인건비를 비롯한 점포 운영 관련 고정비가 포함된다. 그런데 온라인 전문 증권사는 지점이 없다. 따라서 그로 인한 비용 감소분을 증권 매매 수수료에 반영하여 항상 업계 최저 수수료 전략을 사용한다. 그러나 시장에서의 가격 결정권이 공급자에서 수요자로 이동하고, 특히 증권시장의 경우 증권 브로커의 역할이 축소되어 극심한 가격 경쟁에 돌입하였다. 따라서 요즘은 거의 노마진$^{No\ Margin}$ 전략으로 운용하고 있다. 그렇다면 이 회사는 어디에서 수익을 얻을 수 있을까? 이들은 대규모 개미 투자자들의 주식투자 예수금(고객예탁금)을 운용하여 회사를 운영한다. 증권 브로커리지 회사 라이센스를 갖고 있으나 말 그대로 '금융회사'의 기능을 하는 것이다.

요즘 반값이나 공짜를 외치는 소리들이 많이 들린다. 하지만 잘 들여다 보면 공짜는 없다. 결국 다른 쪽에서 지불을 하고 있는 자신의 모습을 발견하게 될 것이다.

4회말

익사이팅 존은
원래 불펜자리였다

🎾 관람석에 앉아서 보는 야구, 그 이상의 가치

2009년 부산 사직구장에 '익사이팅 존'이 생겼다. 원래 불펜투수들이 연습하던 자리였는데 이 공간을 없애고 544석의 별도 관람석으로 재탄생하였다. 익사이팅 존이라고 해서 롯데월드나 에버랜드의 놀이기구와 같은 스릴감을 주는 것은 아니다. 익사이팅 존은 선수들이 경기를 펼치는 구장과 같은 높이에 있고 안전펜스도 낮기 때문에 고객들은 더욱 실감나는 경기를 볼 수 있다. 안전사고를 방지하기 위해 관중들에게 글러브와 헬멧도 대여한다. 애초 의도와 달리 2010년 익사이팅 존의 좌석점유율은

사직구장 익사이팅 존(출처: 곽화정님 블로그)

57.5%로 점유율이 가장 낮은 자유석 55.6% 다음으로 낮은 점유율을 기록했다. 좌석점유율은 낮았지만 익사이팅 존이 원래 불펜자리였다는 점을 생각해보면 구단에서는 예상에 없던 수익을 올린 셈이다.

샌디에고 파드레스의 펫코파크는 2009년 WBC로 친숙한 구장이다. 경기장이 넓고 중앙펜스보다 좌우펜스가 더 멀기 때문에 홈런을 치기 어려워 투수 친화적pitcher-friendly 구장이라는 인식이 있다. 구장이 넓으면 홈런은 치기 어려울 수 있으나, 반대로 2, 3루타는 많이 나올 수 있기 때문에 반드시 투수에게 유리한 것만은 아니다. 홈런의 측면에서 봤을 때는 투수 친화적이라는 인식이 있는 이 펫코파크에서 한국은 2009년에 열린 WBC 8강 멕시코전을 통해 홈런을 3개나 치면서 세계 언론의 관심을 받았다.

펫코파크가 유명한 것은 외야 잔디밭에서 피크닉을 즐기며 경기를 볼 수 있다는 점이다. 경기가 없는 날에는 지역 주민에게 무료로 개방되는 'park at the park' 즉, 공원 속의 공원은 담요를 깔고 누워서 편안히 야구를 볼 수도 있고, 야구장과 멀기는 하지만 큰 TV가 있기 때문에 경기장에서는 볼 수 없는 '리플레이'도 볼 수 있으며 관람료도 싸기 때문에 인기가 많다. 어웨이 경기가 있는 날에는 'away at the park'라 해서 TV로 샌디에고 파드레스의 경기를 볼 수 있도록 개방한다고 하니, 투수 친화적인 곳이라기보다는 야구 친화적baseball-friendly인 곳이 아닐까?

국내 야구장 중에서는 SK의 문학구장이 단연 돋보인다. SK는 2009년부터 '야구장으로 소풍가자'란 캐치프레이즈를 걸고 구장 내부에 산책로를 꾸미고, 다양한 좌석을 선보였다. 그 중에서도 외야에서 삼겹살을 구

펫코파크의 외야에서 야구를 보는 모습

워먹을 수 있는 '바비큐 존'●이 눈에 띈다. 전기쿡탑을 무료 대여하여 삼겹살을 구워먹을 수 있도록 하면서, 일반석의 가격에 비해 25% 비싼 가격의 입장료를 부과하고 있다.

롯데의 익사이팅 존, 펫코파크의 외야 잔디밭, SK의 바비큐 존, 이 세 가지의 공통점은 기존의 공간을 '재해석'하여 고객에게는 특별한 경험을 제공하고 구단에서는 플러스 알파의 수익을 창출할 수 있게 되었다는 점이다.

●
바비큐 존의 공식명칭인 '이마트 바비큐 존'에서 알 수 있듯, 이마트와 SK가 제휴하여 만들어진 것이다. 2009년에 만들어진 바비큐 존은 처음부터 야구를 보면서 직접 삼겹살을 구워먹는 것이 아니라 이미 구워진 삼겹살을 파는 것으로 운영되었다. 이후 2010년에 직접 구워먹는 방식으로 변경되었다. 하지만 야외에서 삼겹살을 구워먹기 위해서는 많은 준비가 필요하며 가스버너 사용으로 인한 안전사고의 우려도 있었다. 그래서 2010년 초반에는 구장 내의 이마트에서 삼겹살을 2인분 구입하면 전기쿡탑을 무료로 대여해주는 방식이었다가, 이후 전기쿡탑만 대여해주는 방식으로 변경되었다. 2010년 한국시리즈 기간에는 전기쿡탑도 이용하는 고객이 직접 가져와야 하는 방식으로 또 다시 변경되어 운영이 매끄럽지 못한 점이 있었다. 하지만 야구장에서 삼겹살을 먹을 수 있다는 대단한 발상의 전환을 시도했다는 점만은 높이 살 만하다.

우리는 모두 숨겨진 보물을 가지고 있다

　가치를 인정받지 못하고 하찮게 여겨지던 것이 '효자' 노릇을 하는 경우가 있다. 캐나다의 슈메이너스란 마을은 목재산업이 쇠락하면서 피폐해졌다. 하지만 지역의 역사와 문화를 주제로 마을에 벽화를 그리면서 새로운 관광명소로 거듭났다. 또 다른 예로 자동차 공업소가 즐비한 문래동에는 지역예술가들이 작업을 하는 예술공단이 조성되었다. PET병, 뚜껑, 병따개, 콜라캔 등 재활용 쓰레기들이 미술가에게는 작품의 좋은 재료로 재탄생했다.
　고무줄에서 새로운 가치를 발견한 기업도 있다. '실리밴즈Silly Bandz'라고 불리는 고무줄은 미국 어린이들 사이에서 선풍적인 인기를 얻고 있으며 연간 1억 달러 이상의 매출을 올리고 있다. 다양한 색깔과 모양의 실리밴즈는 팔찌나 머리끈, 장난감으로도 다양하게 활용이 가능해서 미국 어린이들은 자기가 가진 실리밴즈를 자랑하며 친구들과 실리밴즈를 교환한다고 한다. 어린이들이 실리밴즈에 너무 열광하자 어떤 학교에서는 실리

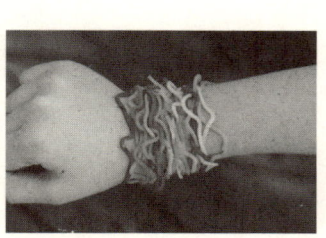 

실리밴즈

밴즈 착용을 금지하거나, 부모님들은 자녀들의 실리밴즈 숫자를 제한하기도 했다. 실리밴즈의 CEO 로버트 크록은 고무줄에서도 숨겨진 가치를 찾아 놀이와 이야깃거리를 만들어낸 셈이다.

이처럼 기업의 성장을 이끄는 것은 첨단 기술의 발전이나 인력의 스카우트 같은 기업 외적인 요소에만 있는 것이 아니다. 이미 내부에 존재하고 있었던 비핵심 자산, 사업 플랫폼 등에 지금까지 과소평가되거나 간과되었던 '숨은 자산 Hidden Asset'을 활용하여 기업의 성장을 이끌 수 있다. 숨은 자산 활용을 통한 '전략의 재정의' 유형은 비즈니스 플랫폼, 고객 자산, 내부 역량 세 가지로 요약할 수 있다.

비즈니스 플랫폼	고객 자산	내부 역량
● 미개발된 인접 산업 ● 핵심 사업 지원 가능 사업 ● 비핵심 사업 및 고아 상품	● 발굴되지 않은 고객군 ● 돈독한 관계나 신뢰도 ● 충분히 활용되지 않은 데이터 및 정보	● 숨겨진 본사 역량 ● 비핵심 사업 역량 ● 충분히 활용되지 않은 핵심 사업 역량

베인 앤 컴퍼니 Bain & Co. 의 크리스 쥬크는 그의 저서 『멈추지 않는 기업』에서 기업은 이 숨은 자산의 활용에 따라 발전하게 되는데 그 전제로 'FER 싸이클'● 즉, 핵심 사업에 집중하여 그것을 확장시켜 핵심 사업으로

● FER 싸이클은 'Focus→Expand→Redefine'으로, 기업은 이 세 가지를 계속 반복하면서 존속·발전하거나 도태된다.

재정의하는 과정이 필요하다고 강조하고 있다. 지속적인 성장이 기업의 최대 목표가 될 정도로 경영환경이 어려워지는 시대에는 '핵심 사업의 재정의'가 선행되어야 하며, 이 과정에서 '숨은 자산'을 활용하면서 지속 성장을 이루어내기 위한 단초를 찾아야 하는 것이다.

1900년에 설립된 대형 트럭계의 롤스로이스 스카니아는 100년이 넘도록 트럭계의 강자로 자리매김하고 있다. 트럭에 대한 사전적 정의는 '짐을 나르는 이동수단'이다. 하지만 스카니아는 트럭의 정의를 '운전자가 편한 이동수단'이어야 한다고 재정의하였다. 이런 재해석의 과정에서 스카니아는 트럭의 숨은 자산을 발견하였다.

트럭으로 짐을 나르는 운전자들은 장기운전을 하는 경우가 많기 때문에 차에서 잠을 청하는 일이 비일비재하다. 그래서 스카니아는 트럭 안에 운전자를 위해 침대를 마련하였고, 침대에 히터를 설치하였다. 물론, 이 히터는 시동을 꺼도 유지된다. 또한 좁은 트럭 내의 공간을 잘 활용하여 접이식 테이블이나 조명 등을 설치하였고, 수납공간을 최적화하였다. 그리고 운행정보에 대한 정보와 가이드를 주어 운전자들이 안전하게 운전할 수 있도록 하는 시스템도 갖추었다.

스카니아 트럭 (출처: www.scania.com)

더욱 눈에 띄는 것은 '드라이버 서포트 시스템'이다. 이것은 언덕길, 예측, 제동, 기어 4가지 조작을 점수로 환산하여 어떻게 하면 점수를 높게 받을 수 있을지에 대한 가이드를 주는 것이다. 운전자들은 자신이 더 높은 점수를 받기 위해 가이드에 따라 운전을 하게 되고 최고 점수에 도전하며 운전을 게임처럼 즐겼다. 이 시스템은 운전자를 즐겁게 하는 데 목적이 있는 것이 아니라 일정속도를 유지하며 운전하게 하여 수리비, 타이어 비용뿐 아니라 연비절감의 효과까지 거둘 수 있게 하였다. 짐을 나르는 운송수단인 트럭에 세단의 세련된 디자인 감각까지 겸비하였다. 이렇게 스카니아는 트럭에 대한 고객의 숨은 니즈를 찾아 새로운 것을 창조했기 때문에 굳건한 1위의 자리를 고수할 수 있었다.

이 외에 양말의 숨은 가치로 사업에 성공한 곳도 있다. 사실 양말은 단순하며 차별화를 하기 어려운 제품중 하나다. 하지만 스위스의 '블랙삭스닷컴'은 양말에서 고객의 숨은 니즈를 찾아냈다. 블랙삭스닷컴란 이름에서도 알 수 있듯, 이 회사는 검은색 양말 3가지 디자인을 7가지 사이즈로 판매하는 회사이다. 어떻게 이토록 단순한 비즈니스 모델로 숨은 가치를 찾아낸 것일까?

누구나 한번쯤은 구멍 난 양말인 줄 모르고 신고 나왔다가 낭패를 당한 경험이 있을 것이다. 블랙삭스닷컴은 여기에 주목하여 양말을 신문처럼 정기적으로 배송해주는 시스템을 도입했다. 고객은 '양말 3켤레를 3개월에 한 번씩'이라는 옵션으로 구매하는 것이다. 사람들이 양말을 사는 데 큰돈을 들이지도 않으며 시간을 많이 소비하지도 않는다는 점에 착안하였다. 이들은 이 단순한 아이디어로

블랙삭스 (출처: www.blacksocks.com)

2002년 독특한 비즈니스 모델상, 2001년 웹페이지 부문 스위스 디자인상을 수상하였다.

　숨은 자산을 활용하는 일보다 숨은 자산을 찾는 것이 더 어렵다. 또한, 숨은 자산을 발굴하여 제품화하기 위해서는 CEO의 역할이 결정적이다. 스티브 잡스는 기존의 컴퓨터 사업에서 갖고 있었던 디자인과 소프트웨어 기술을 기반으로 핵심 사업을 '음악'으로 재정의하였다. 이렇게 탄생한 아이팟은 온라인 음악 소프트웨어 부문의 역량을 확보하여 2004년 기준 전체 디지털 음악 재생기 시장의 70%를 석권했다. 오늘날 아이폰과 아이패드는 아이팟의 성공모델을 기반으로 탄생한 것이다.

　어느 기업에나 이런 숨은 자산이 있다. 기업은 끊임없이 숨은 자산을 찾으려는 시도를 해야 한다. 숨은 자산은 말 그대로 숨어 있던 자산이기 때문에 이를 발굴하는 것은 새로운 사업에 뛰어드는 것보다 위험부담이 적다.

　롯데의 익사이팅 존은 원래는 불펜투수의 연습 장소였다는 점을 다시 떠올려보자. 익사이팅 존의 성공여부를 떠나서 구단의 입장에서는 이로 인해 추가 수익과 홍보효과를 거둘 수 있지 않았던가!

숨은 자산을 찾는 노력이 필요하다

글로벌 컨설팅 그룹 베인 앤 컴퍼니의 크리스 주크의 저서 『멈추지 않는 기업』에서는 기존에 많은 기업이 취한 성장 전략이 성공률이 높지 못하다는 사실을 지적하고 있다. 세상의 이목을 집중시킨 거대한 규모의 M&A 빅뱅, 소위 뜨는 시장으로의 진입, 신기술의 우선 도입 등의 전략에는 명백한 한계가 있었다는 것이다. 이 책은 모든 기업의 공통 관심사인 '지속 성장'의 해법으로 기업 내 이미 존재하는 숨은 자산의 발굴과 이를 통한 핵심 사업의 재정의였다는 사실을 방대한 사례 분석을 통해 제시하고 있다. 여기서 '숨은 자산'이란 기업이 이미 소유하고 있는 자산인데, 지금까지 그 가치나 특성, 또는 잠재가치를 충분히 인정받지 못했거나 제대로 인식하지 못했던 자산을 의미한다. 다시 말해 그간 미운 오리 새끼 취급을 받던 자산에서 경쟁 우위의 실마리를 찾을 수 있는 자산으로 우뚝 설 수 있는 것을 말한다. 또한 핵심 사업에 가려 저평가된 사업이나 제품, 활용되지 않은 고객 자산 및 충분히 활용되지 않은 내부 역량 등을 말한다.

일본의 한 재활용품 회사의 예를 들어보자. 이 회사는 주로 음식점이나 숙박업소가 폐업한 뒤 나오는 각종 주방 집기, 식탁과 의자 등을 수거하여 정비한 뒤 음식점을 열려는 중소 영업자들에게 되파는 비즈니스를 하고 있었다. 5년 넘게 이 일을 하면서 해당 도시 내 음식점의 개업, 폐업에 관한 데이터를 축적할 수 있었다. 이 회사는 이를 기반으로 창업 컨설팅 회사로 변신하였고, 결국 일본 자스닥에 상장하게 되었다.

이밖에 자녀 진로 지도 컨설팅 회사 사례도 있다. 이 회사는 학생들의 적성검사 및 심리검사 등을 통해 그 학생에게 적합한 전공과 직업을 제안해주고 컨설팅 비용을 받는 비즈니스 모델을 갖고 있었다. 강남 소재에 있는 학생들 위주로 사업을 시작했고, 요즘처럼 자녀가 1~2명밖에 없는 부모들은 70여만 원 정도의 고가임에도 불구하고 자녀 교육 열풍에 휘말려 비용을 아까워하지 않고 이 회사에 맡기곤 했다. 이 회사는 컨설팅이 이루어지는 수년 동안 수천 명 학생의 상담을 하였고, 그런 데이터는 계속해서 축적되었다. 결국 그 데이터를 활용하여 독특한 진로 지도 중심의 적성검사 툴Tool을 만들게 되었다. 그러고는 각 학교에 이 툴을 납품하고 온라인을 통해서도 저렴한 가격으로 판매를 시작하여, 해당 서비스를 받지 못하는 계층을 중심으로 다수가 공유할 수 있는 비즈니스로 진화하게 되었다. 즉 프리미엄 서비스를 받지 못하는 계층을 위해 온라인으로까지 그 서비스 영역을 확장한 것이다. 어쩌면 본연의 서비스에 대한 대가보다 그 과정에 대한 대가가 더욱 의미 있었던 사례라 할 수 있다.

팀플레이는 승리와 직결된다.
세계적인 스타플레이어들을 다수 보유하더라도
그들이 함께 팀플레이를 하지 않는다면
그 야구 클럽은 10센트의 값어치도 없게 된다.

베이브 루스

5회초

우천 세레모니는 역전홈런보다 관중을 감동시킨다

🎾 비에 젖은 마음을 달래는 슬라이딩

롯데팬들의 기억 속에 가장 강렬한 5회를 꼽으라면, 2005년 5월 26일 잠실에서 열린 LG전을 들 수 있다. 초반 큰 실점으로 0:8로 지고 있는 상황에서 5회초 롯데의 공격이 시작되었다. 강민호의 중전안타로 1점 따라붙을 때만 해도 이날의 대단한 승부를 예상하는 사람은 아무도 없었다. 이후 타선의 폭발과 상대 실책까지 엮어서 5회초에 8점을 내며 승부를 한번에 원점으로 돌렸다. 5회말 다시 8:11로 역전당했지만 9회초에 손인호의 안타와 최준석의 홈런으로 13:11로 재역전하며 대역전극의 마침표를 찍었던 경기다. 롯데팬들은 이날 경기를 '5.26 잠실대첩'이라 부른다.

야구장에서 5.26 잠실대첩과 같은 경기를 직접 보는 것은 3대가 덕을 쌓아야 볼 수 있다는 지리산 천왕봉 일출보다 더 어렵지 않을까? 이렇게 짜릿한 경기가 있는 반면, 경기 내내 상대 투수에게 완전히 제압당해서 제대로 된 공격찬스 한 번 갖지 못하고 끝나는 경우도 있다. 이런 경기를 보고 집에 돌아가는 지하철 안이라면 왠지 모르게 허무한 마음이 든다. 하지만 무엇보다 가장 허무한 순간은 비 때문에 경기가 취소되어버리는 경우가 아닐까?

"하늘이시여~ 하늘이시여~"라며 돔구장을 뚜껑에 비유한 '왕뚜껑' 광고는 야구팬들을 피식 웃게 만든다. 광고에는 5회까지 퍼펙트로 공을 던진 류현진과 홈런을 친 김현수가 등장한다. 하지만 그런 멋진 기록도 우천취소가 되면 무효가 되니 야구장에 '뚜껑'이 덮이기를 바란다는 설정으로 왕뚜껑 라면을 연상시켰다. 돔구장 건설을 바라는 야구팬들은 이 광고에서 재미와 의미를 동시에 느꼈다. 이 광고를 보기 전까지는 우천취소로 선수들의 마음도 팬들처럼 허무할 것이라는 생각을 해본 적이 없다.

일반적인 직장인이 야구장에서 야구를 보는 일은 그리 쉬운 일이 아니

왕뚜껑 광고

다. 야구를 보러 가려고 2주 전부터 표를 예매해둔 날은 꼭 회식이 생기거나 중요한 고객과의 미팅이 생긴다. 마음 놓고 정시퇴근을 할 수 없는 분위기도 모른 척하며 잠실구장으로 부지런히 간다 해도 이미 야구는

3회에 접어들고 있는 경우가 다반사다. 하지만 날씨는 인간의 힘으로 해결할 수 없는 일, "맥주 한 잔 하자"는 동료의 말도 뿌리치고 부장님 눈치도 보며 사무실을 나왔건만, 하늘에서 장대 같은 비가 쏟아지면 세상의 모든 불행은 꼭 나를 스쳐지나는 것만 같은 기분이 든다. 그럴 땐 '우천취소 티켓은 환불이 가능하다'고 쓰여진 전광판이 '저 밭을 다 갈거든 파티에 오너라'며 낡은 호미를 콩쥐 손에 쥐어주는 팥쥐 엄마의 얼굴처럼 보이기도 한다.

허무한 마음에 쉽게 발걸음을 떼지 못하고 비오는 운동장을 바라보고 있노라면, 몇몇 선수가 장대비 속을 걸어 나온다. 그러고는 타석에서 멋진 스윙을 하고 1루, 2루, 3루를 돌아 홈으로 슬라이딩을 한다. 언제부터 누가 시작했는지는 모르겠지만, 빗속에서 선수들의 슬라이딩을 보면 허무했던 마음이 사르르 녹아든다.

우천 세레모니 (출처: 롯데 자이언츠 홈페이지)

우천 세레모니는 역전홈런보다 관중을 감동시킨다

위기상황일수록 고객에게 집중하라

2005년 국내에서 적립식펀드를 중심으로 한 펀드열풍이 불었다. 투자자들은 펀드에 가입하면 은행이자보다 수익이 좋으면서도 안정적이라고 착각하며, 너도나도 은행으로, 증권사로 몰려갔다. 당시 펀드열풍은 2000년 초 코스닥 묻지마 투자에 버금갈 정도였다.

하지만 그 열풍은 미국의 서브프라임 사태로 촉발된 2008년 글로벌 경제위기를 맞으면서 급격히 사그라들었다. 펀드에 가입하여 은행이자보다 높은 수익을 기대하였던 고객들이 원금손실을 입자 민원을 제기하기 시작했다. 펀드는 투자행위라는 것을 인지하지 못했던 고객들과 이를 충분히 설명하지 않았던 판매회사 사이의 지리한 법적 공방이 이어졌다.

금융투자상품의 위험성을 뒤늦게 인지한 감독당국은 금융투자상품의

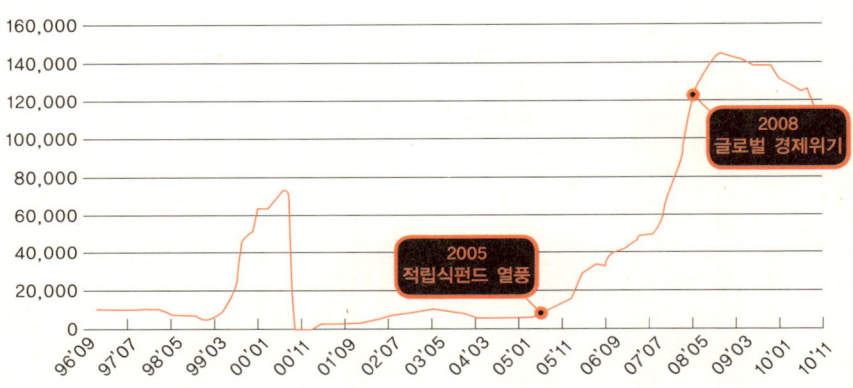

주식형수익증권 잔액추이(단위: 십억 원/출처: 한국은행 경제통계 시스템)

판매행위에 '고객 설명의 의무'를 강하게 부여하였고, 운용회사나 판매회사 등 금융투자회사의 모럴헤저드도 진정되어 갔다. 하지만 금융회사의 모럴헤저드는 사라진 것이 아니라 또 다른 금융위기가 오기 전까지 연기된 것인지도 모른다.

이런 금융회사의 비도덕적인 행태는 펀드투자가 이미 보편화되어 있는 미국에서도 다르지 않다. 하지만 경제시스템의 붕괴라는 천재지변 속에서도 고객만족을 실현한 회사가 있다. 1987년 10월 27일 블랙먼데이 다음 날, 미국 펜실베니아 외곽의 자산운용사인 뱅가드그룹 사옥에는 스위스 국기가 걸렸다.

군대가 없는 스위스는 비상시에 국가 전체가 군대로 전환된다. 스위스 아미 Swiss Army라고 쓰여진 국기는 비상시 지원조직의 동원을 알리는 신호인 셈이다. 뱅가드그룹 사옥에 걸린 스위스 국기는 블랙먼데이의 비상사태에

1987년 10월 19일 월요일, 뉴욕 다우존스 주가가 단 하루에 508포인트, 22.6%가 폭락한 사건이다. 블랙먼데이 불과 2개월 전인 8월 25일의 다우존스 지수는 사상 최고치인 2,722.42포인트를 기록하며 연초대비 주가상승률이 43%의 상승세를 보였기 때문에 아무도 블랙먼데이의 대폭락을 예견한 사람이 없었다. 블랙먼데이의 주가폭락 배경으로는 누적된 미국 재정적자, 국제수지적자, 인플레이션 우려, 금리상승 움직임 등이 있겠으나 이런 구조적인 문제 이외에도 프로그램 트레이딩 시스템의 매도 때문이라고 보는 견해가 지배적이다.
10월 19일 블랙먼데이는 뉴욕시장이 잠들어 있을 시각에 홍콩과 말레이시아, 싱가폴의 증시가 대폭락했고, 이어 유럽국가들의 증시들이 뒤따라 하락하기 시작했다. 뉴욕시장이 개장한 지 30분이 지나 10시가 지나도록 S&P500지수에 편입된 500개의 대형주 종목 가운데 25개의 종목만이 거래될 정도로 매수 주문이 들어오지 않았다. 뉴욕시장에서 투자자들이 주식매도를 못하는 동안 시카고의 상품거래소의 주가지수 선물거래는 가능했고, 선물 매도세가 집중되어 주가지수 선물값이 뉴욕증시 현물값 이하로 하락했다. 정상적인 시장이라면 차익거래가 발생할 상황이었지만, 변동성이 너무 컸기 때문에 차익거래 매수세가 들어오지 않는 사이에 광적인 선물 매도세는 뉴욕증시의 현물값을 폭락시켰다. 이것은 다시 선물매도로 이어지는 악순환이 되었다. 이날 시카고 상품거래소의 주가지수 선물거래량 가운데 절반은 프로그램 매도물량이었다.
우리나라 주식시장은 상한, 하한의 폭이 정해져 있기 때문에 미국의 블랙먼데이처럼 하루에 22.6%가 떨어지거나 오르는 것이 불가능하지만, 미국시장의 경우 상·하한의 폭이 없다.

모든 직원들에게 최전선으로 나아가라는 신호였다. 블랙먼데이는 금융회사에게는 전쟁과도 같고, 그 전쟁터는 고객과의 접점에 있었다.

  초유의 비상사태에 뱅가드의 사장도 부사장도 모든 일을 제쳐놓고 고객들에게 달려갔고, 수백 명의 펀드매니저들이 고객의 전화에 응대하며 시장상황을 설명하였다. 블랙먼데이의 현상을 일반 투자자에게 설명하는 일이 쉽지는 않았을 것이다. 그럼에도 블랙먼데이 다음날 7만 5천여 통의 전화가 걸려왔으나 고객 대기 시간은 15초를 넘기지 않았다는 기록이 있다. 이날 이후 뱅가드는 미국의 금융소비자에게 깊은 인상을 심어주게 되었다. 뱅가드그룹의 창시자인 존 보글●은 인덱스펀드●●를 1974년 시장에 처음 내놓았다. 하지만 인덱스펀드에 대한 시장의 반응은 냉담했다. 하지만 블랙먼데이 위기를 슬기롭게 넘긴 뱅가드그룹에 대한 믿음이 축적되면서 인덱스펀드에 대한 관심이 덩달아 높아졌고, 결국 뱅가드그룹

●
뱅가드그룹의 창시자이자 인덱스펀드 시장을 개척한 존 보글은 워런 버핏과 함께 20세기 세계 4대 투자 거장에 꼽히며(포천지·1999년), 지금도 세계에서 가장 영향력 있는 100대 인물(타임지·2004년) 가운데 한 명이다. 그는 1974년에 지수 추종 인덱스펀드를 개발했으며 불과 30여 년 만에 뱅가드그룹을 피델리티에 이어 미국 내 2위의 펀드투자 금융회사로 만들었다. "시장을 모두 사는 편이 한 시장을 사는 것보다 낫다."는 말로 유명하다.
그는 과학 연구의 가장 기초적인 원리인 '오컴의 면도날' 즉, 한 문제의 해결책이 여러 가지일 때는 가장 단순한 방법을 이용하라는 문구를 인용했는데, 안정된 노후를 꿈꾸며 투자 세계에 발을 내딛는 개인 투자자에게 보수적이며 단순한 투자 전략을 권한다.

●●
KOSPI200과 같은 특정지수의 수익률과 유사한 수익률을 달성하는 것을 목표로 하는 펀드. 인덱스펀드는 시장대비 초과수익률을 달성하는 것은 어렵다는 것을 기초 철학으로 삼는다. 보통 주식형 펀드는 매니저의 판단에 의해서 구성종목을 매매하는 반면, 인덱스펀드는 구성종목의 비중을 시장의 등락에 따라 리밸런싱하기 때문에 매니저의 판단이 개입되지 않는다.

은 피델리티에 이어 미국 내 2위 펀드투자 금융회사로 자리매김하였다.

뱅가드는 블랙먼데이라는 미국 내 가장 유명한 금융위기 때 미국의 금융 소비자의 가슴 속에 자리 잡았고 이 사건을 계기로 인덱스펀드라는 투자 키워드를 전 세계 투자자들에게 심어줄 수 있었다.

고객을 위해 끝까지 가자

재포스Zappos는 신발을 파는 온라인 회사로, 비즈니스 모델로서는 전혀 새롭지 않은 회사다. 하지만 2009년 아마존은 매출 10억 달러인 재포스를 12억 달러에 인수했다. 왜 그랬을까?

콜센터는 말 그대로 고객의 전화가 모이는 곳이다. 하지만 재포스의 콜센터는 '컨택센터'* 이자 회사에서 가장 중요한 조직이다. 재포스는 신발을 배달하는 것이 아니라 '행복'을 배달한다고 생각한다. 그래서 컨택센터의 직원들은 고객들이 만족하는 대답을 얻을 때까지 시간에 구애받지 않고 충분히 상담한다. 이것뿐만이 아니다. 한 번은 어떤 고객이 아픈 어머니를 위해 신발을 구입했는데 어머니가 신발을 받기도 전에 돌아가신 것이다. 그 고객은 구두를 볼 때마다 어머니 생각이 나서 반품 기한이 지

---

* 전화로만 상담하는 콜센터와는 달리 이메일과 인터넷 등을 통한 멀티미디어 개념이 포함된 상담의 형태를 말한다. 고객들에게는 보다 나은 서비스를 제공해줄 수 있다.

났음에도 불구하고 재포스에 전화를 걸었다. 재포스의 상담원은 "걱정마세요. 고객님, 저희가 택배직원을 보내드리도록 하겠습니다."라고 대답을 했다. 사실 재포스의 규정상 택배직원을 부르는 일은 고객이 하도록 되어 있지만 상담원은 고객의 안타까운 상황을 배려한 것이다. 그 다음날 고객은 재포스 상담원이 보낸 정성스러운 카드와 꽃을 받았다.

또한 재포스에서는 이런 감동 스토리도 있다. 주문한 신발이 품절되자 재고가 있는 경쟁업체의 연락처를 안내해주거나, 늦은 밤 피자가게 연락처를 몰라 혹시나 하는 마음에 재포스 상담원에게 도움을 요청했더니 인근 피자가게 다섯 군데의 연락처를 안내해주었다는 이야기 등 재포스에는 이러한 고객감동 스토리가 넘쳐난다. 이것은 미국 사람들이 재포스에 열광하게 된 이유가 되었으며 아마존이 12억 달러에 재포스를 인수한 배경이 되었다.

하버드 비즈니스 리뷰에서는 재포스를 '고객을 위해 끝까지 간 회사'라고 했다. 재포스는 신발을 파는 회사가 아니라 고객에게 행복을 배달하는 전설적인 서비스를 하는 세계 유일의 기업문화를 가진 회사다. 미국에서 가장 일하기 좋은 기업에 뽑힌 것도 놀라운 사실이 아니다.

재포스(출처: zappos.com 페이스북)

고객에게 감동을 주는 방법이 고객 서비스를 강화하는 것에만 있는 것은 아니다. 일본의 PC 부품업체인 '현인지향玄人志向'은 성의없는 포장지에 설치 매뉴얼도 없으며 고객응대 창구도 없다. 게다가 부품 포장지에는 '초심자 사절'이라는 문구가 쓰여 있다. 현인지향은 PC 초심자가 아닌 전문가를 타깃으로 하고 있다. 파워 유저는 설명서나 다른 사람의 도움 없이 스스로 설치를 하고 문제를 해결해나가는 데 기쁨을 느낀다. 또한 시행착오를 통해 사용법을 익히는 것을 즐기는 특성에 착안하여 매뉴얼이나 서포트, 보증을 없앤 것이다. 이로써 비용절감 효과뿐 아니라 신제품 출시 속도가 올라갔다. 현인지향의 이런 정책은 물론 전문가를 대상으로 한 제품이지만, 전문가가 되고 싶어 하는 초급, 중급자 고객들의 구매욕구도 덩달아 상승하게 되었다. 친절한 것이 무조건 고객 만족과 고객 감동으로 이어지는 것은 아니다. 우리 회사의 고객이 원하는 것을 우리 회사만의 방법으로 전하는 것이 진정한 고객만족이 아닐까?

기분이 좋은 고객을 감동시키는 것은 어렵지 않다. 회사에서 나오는 작은 사은품에도 고객은 감사해하기 때문이다. 반대로 불만고객을 감동시키는 것은 이미 떠난 애인을 붙잡는 것보다 더 어렵다. 하지만 불만고객을 내 편으로 만들게 되면 충성도가 높은 고객이 된다. 뱅가드의 인덱스 펀드가 성공하게 된 것도 블랙먼데이의 고객응대 때문이었다는 점을 상기해보자. 또 우천취소로 허무하게 집으로 돌아가야 하는 고객의 마음을 달래주는 우천 세레모니를 되새겨보자. 고객이 원하는 것이 무엇인지 그 마음을 알아낸다면 어떤 마케팅을 해야 할지 접근하기 쉬워진다.

고객만족 시대에서 살아남아라

고객만족Customer Satisfaction, 이는 모든 기업이나 단체 경영의 최대 과제이다. 이제 친절이라는 CS는 기본이 되었다. 관공서를 가보더라도 매우 친절해졌음을 알 수 있지 않던가! 어지간한 금융회사들보다 더 친절해졌다고 해도 과언이 아니다. CS라고 하면 친절교육을 떠올리는데, 왜 이렇게 친절해져야 하는가를 생각해볼 필요가 있다. 그 이유는 바로 '경쟁'에 있다.

과거 동네 구멍가게나 재래시장을 가보면 물건을 사가려면 사가고 싫으면 말라는 식이었다. 그런데 인근에 대형마트가 입점한 이후로 다들 친절해지지 않을 수 없게 되었다. 제품이야 마트 물건이나 구멍가게나 별반 다를 게 없는 시대이며, 이제는 제품을 '전달하는 방식에서의 차별화'가 필요하다. 따라서 이제는 그 친절마저도 기본이 되었고, 친절에 대한 기업 간의 경쟁 역시 매우 치열해졌다. 이제 우리에게 필요한 친절은 Professional CS이다. 모든 주권이 소비자에게 이양이 된 시대에 친절을 기본으로 전문화되고 차별화된 서비스가 전달되어야 하는 것이다. 고객들이 금융회사를 찾는 이유를 친절한 서비스를 보고자 오는 것은 물론 아니다. 말 그대로 '금융, 투자 서비스'를 받으러 오는 것이다.

고객 만족이 경영의 최대 화두인 시대에 각 기업이나 단체는 이러한 고객의 만족도를 측정하기 위해 많은 시간과 비용을 들이고 있다. 직원들에 대한 대대적인 친절 교육, 그리고 현장 모니터링 프로그램 운영 및 상당한 비용을 들인 고객 만족도 조사까지 상당한 기회비용을 치르고 있다. 이와 관련하여 우리는 몇 가지 짚어볼 필요가 있다.

첫째, 고객 만족 이전에 직원 만족 프로그램의 선행이다. 수준 높은 CS 교육을 시키고 인사고과에 반영한다고 협박을 해도 입 튀어나온 창구 직원이 친절해질 수는 없다.

둘째, 고객을 왜 만족시켜야 하는가를 되짚어봐야 한다. 서비스 제공, 고객 만족, 구매, 재구매, 소개, 추천으로 이어지게 해야 한다. 참고로 일상적인 고객 만족도 조사는 의외로 많은 성과를 주지 못한다는 점을 인지해야 한다. 수십 가지에 이르는 설문지나 바쁜 시간에 오는 전화 설문에 성실히 응할 고객은 별로 없다.

이러한 문제점을 제거하기 위해 이미 어느 정도 알려진 '고객 추천 지수NPS: Net Promoter Score'를 고려해볼 필요가 있다. "이 서비스를 다른 지인에게 추천할 의사가 있으십니까?"란 한 가지 질문의 결과만으로 지표를 만들어 고객충성도를 관리하는 방식이다. 통상 11점 척도로 설문지를 구성하는데, 재미있는 것은 9~10점을 '추천'으로 보고 6점 이하는 '비추천'으로 집계하는데 7~8점에 체크되는 것은 버린다는 점이다. 설문에 응해본 경험이 있다면 이 의미를 이해할 것이다. NPS와 관련하여 그 지표 산정 방식보다는 '추천'에 주목해야 한다. 흔히 진짜 좋은 것은 남에게 알리지 않는 인간의 이기심을 이유로 이 지표에 대해 비관적인 시각도 있지만 소개나 추천은 세일즈나 마케팅에 있어 단연 핵심이다. 자신이 누군가에게 추천받았을 때 기분을 생각해보면 알 것이다. 특히 누군가 어느 분야에 대한 사람을 추천하라 했을 때 얼마나 신중해지는지 우리는 경험해보지 않았던가!

선발·중간계투·마무리의 역할

🎾 역할을 구분 지을 필요가 없다

　가장 위대한 선수를 한 명만 골라내는 일은 허황된 일이다. 과거의 최동원과 지금의 류현진, 김광현을 어떻게 비교할 수 있을까? 물론, 방어율이나 탈삼진 개수의 남겨진 숫자로 어떤 분야의 1위는 가려낼 순 있을지 모른다. 하지만 누가 '위대한 투수'인지를 가리는 것은 주관적인 판단이 반드시 들어간다. "최동원과 선동렬 중에 누가 위대한 투수냐?"라는 질문도 물론 허황된 질문이다. 하지만 이런 종류의 질문이 끊임없이 나오는 것은 '위대함'을 결정하는 데 주관이 들어가기 때문이다.

롯데팬이라면 질문이 채 끝나기도 전에 "단연 최동원이지."라고 대답을 할 것이다. 그리고 최동원의 150km의 강속구와 낙차 큰 커브를 어찌 선동렬에 비교할 수 있겠냐고 일장연설을 늘어놓을지 모른다. 그리고 분명히 기록만으로는 선동렬이 더 나은 투수일지 모르겠으나 '공'만 본다면 최동원 만한 천재가 어디 있느냐며 질문한 사람을 세뇌시키려 할 것이다.

사실 최동원은 1984년 롯데의 첫 우승 때 한국시리즈에서 4승을 혼자 챙겼고, 당시 정규시즌에서는 284.2이닝을 던져서 27승, 2.4의 방어율을 기록하였다. 한국시리즈 7게임에서 5게임 등판, 40이닝 투구에 4승이라니 지금은 상상하기 힘든 기록이다. 당시 강병태 감독이 1, 3, 5, 7차전에 최동원을 기용하겠다는 계획을 이야기하자 최동원 선수는 "너무 무리하는 거 아닙니까?"라는 반응을 보였다. 이에 강병철 감독은 "동원아, 우짜노 여기까지 왔는데."라고 답했다는 일화는 30여 년이 지난 지금까지도 회자된다.

대학시절 "나 이번 학기 학점 선동렬 방어율이야."라고 한 마디 안 해본 사람이 있을까? 이 정도로 선동렬은 방어율에 관해선 범접하기 힘든 기록을 보유하고 있다. 하지만, 선동렬이 해태에서 활동할 당시엔 국내 야구에서 내로라하는 타자들은 대부분 해태였기 때문에 방어율이 상대적으로 과대평가되어 있을 수 있다.
최동원은 1983년 프로데뷔 이후 5년 연속으로 200이닝 이상을 던진 유일한 투수다. 경남고 재학시절부터 세간의 주목을 받았던 최동원. 프로데뷔 이전에도 얼마나 많은 공을 던졌는지는 가늠할 수 있으며, 프로데뷔 이후에도 최동원은 80게임의 완투를 기록했다. 선동렬은 통산 367게임 1,647이닝을 던졌고, 최동원은 통산 248게임에 1,414이닝을 소화했다. 물론, 선동렬은 후반에 마무리로 투입되면서 게임수가 늘었다는 점을 감안한다 할지라도, 선동렬은 게임당 4.49이닝을, 최동원은 게임당 5.70이닝을 던진 것이다. 과연 기록만으로 선동렬과 최동원을 비교할 수 있을까? 물론, 선동렬의 기록은 정말 대단한 것이다. 최동원을 위대한 투수로 꼽고 싶은 롯데팬의 편견이라 이해해주길 바란다.

1984년 한국시리즈 최동원(출처:롯데 자이언츠 홈페이지)

　손민한은 2002년에 통산 4승을 거뒀다. 물론 2002년은 팀 승률이 2할 6푼 5리로 10게임 중 3게임도 승리하지 못했던 암울한 시즌이었음을 감안하더라도, 손민한은 133게임 중 23게임에 출전해 시즌 통산 4승을 거두었다. 요즘처럼 선발, 중간계투, 마무리의 투수 역할분담이 되어 있는 야구에서는 최동원의 한국시리즈 4승 기록은 다시는 나오기 힘들 것이다.
　현대야구에서는 모든 선수의 역할분담이 아주 명확하다. 투수는 공을 던지고 포수는 공을 받는다. 내야수와 외야수는 타자가 친 공을 잡아서 아웃을 시킨다. 주자가 투상에 있을 때의 수비 위치와 루상에 없을 때의 수비 위치도 상당히 달라지고 타자의 특징에 따라서도 달라진다. 그래서 본인이 비록 내야수비에 강점이 있다 할지라도 감독이 외야수로 기용을 하게 되면 외야수라고 생각하고 움직여야 한다.

통산 227세이브를 올린 '소방수' 김용수 선수도 처음부터 마무리로 활약했던 것은 아니다. 1985년 프로데뷔 첫해에 1승을 거둔 후 다음해 마무리투수로 보직을 변경했다. 당시만 해도 마무리투수는 한물간 투수에게 주어지는 초라하고 외로운 자리였다. 하지만 김용수 선수는 "나는 공을 던질 수만 있다면 어떤 자리라도 좋다."라며 잘해야 본전인 마무리투수 보직을 받아들였다. 그렇게 그는 1986년, 1987년, 1988년 3년 연속 구원왕에 오르며 한국 최고의 마무리투수가 되었다. 선발진이 무너지면 선발로, 승리가 불안해지면 마무리로 오르며 1994년 LG의 한국시리즈 우승을 이끌게 된 김용수 선수는 "LG 트윈스를 절대 지지 않는 팀으로 만드는 것이 나의 할 일이다."라고 하였다. 그가 보여준 투구는 현대야구의 가장 모범적인 역할분담의 모습이라 칭할 만하다.

최소 원소가 성장을 결정한다

식물학자 리비히는 어떤 식물은 잘 자라고 어떤 식물은 잘 자라지 못하는지, 과연 이를 결정하는 요인이 무엇인지를 연구하였다. 그리고 식물 성장에 필요한 여러 원소 중 어느 것 하나라도 부족하면, 비록 다른 원소들이 충분해도 그 식물은 부족한 원소 때문에 제대로 자라지 못한다는 것을 발견했다. 그가 발견한 법칙은 최대가 아닌 최소가 성장을 결정한다는

'영양소 최소량의 법칙 Law of Minimum'이었다.

독일의 생물학자 리비히가 발견한 이 원리에 따르면 아무리 좋은 영양소들이 충분히 공급된다 하더라도 한 부분의 영양소 공급이 부실하면 부실한 영양소만큼만 식물이 자란다. 이는 높이가 서로 다른 판자를 엮어 나무 물통을 만들었을 때, 물은 가장 키가 작은 판자 높이까지만 차게 되는 것과 마찬가지다. 그래서 이 법칙을 알기 쉽게 '물통의 법칙'이라고도 한다.

리비히의 법칙

리비히의 '최소량의 법칙'은 조직 기능을 레벨업 시키기 위해서는 가장 잘하는 부분을 더욱 발전시키는 것보다 가장 이슈가 되는 부분을 찾아서 치유하는 편이 빠르다는 점을 시사한다.

일본의 대표적인 레드오션 시장이라고 할 수 있는 낫토가 큰 이변을 일으킨 적이 있었다. 미스칸 낫토는 2008년 하반기에 출시된 제품인데 6개월 만에 모든 인구가 1.5개씩 사먹었다는 통계가 나올 정도로 선풍적인 인기를 끌었다. 미스칸 낫토의 '아라 벤리! 낫토(어머나 편리 낫토)'는 기존 낫토의 단점을 제거하는 데서 출발하였다. 낫토는 몸에 좋은 음식이지만 끈적끈적한 낫토를 먹기 위해서 겉포장과 속포장을 힘겹게 뜯어야만 했다. 또한 겨우 속포장을 뜯었다 할지라도 끈적끈적한 낫토가 실처럼 딸려 나와 손을 버리기 일쑤였다. 게다가 양념간장이나 겨자비닐을 뜯을 때 간장이 튀거나 손에 묻는 일이 많았다. 미스칸 낫토는 부족요소였던 포장을 개선하여 제품을 단숨에 시장점유율 1위로 올려놓았다.

　프로야구의 경우에도 그러한 모습이 많이 보인다. SK 와이번스는 어느 포지션도 크게 실력이 떨어지는, 소위 말하는 '구멍'이 없다. '한화' 하면 '류현진'이 떠오르는 것과는 반대로 'SK' 하면 떠오르는 선수가 없다. SK는 모든 선수들이 고른 기량을 보유하고 있을뿐더러, 개인보다는 팀 승리를 먼저 생각하는 탄탄한 조직력이 있다. 바로 이점이 SK가 스타플레이어 없이 4년 연속 정규시즌 1위를 한 비결이다.

　식물의 성장은 최대가 아니라 최소 요소가 결정짓고, 야구에서는 보이지 않는 에러가 승부를 판가름나게 한다. "우리 회사 나 없이는 안 돌아가."라고 이야기하는 것은 현대사회를 살아가는 직장인의 유일한 위안일 뿐, 지속가능한 회사가 보여주는 모습은 아니다.

그대로 방치하면 안 되는 깨진 유리창

　범죄 심리학에는 '깨진 유리창의 법칙'이 있다. 건물 주인이 건물의 깨진 유리창을 그대로 방치해두면, 지나가는 행인들은 그 건물을 포기한 걸로 보고 돌을 던져 나머지 유리창까지 모조리 깨뜨리게 된다는 것이다. 유리창이 모조리 깨진 건물에서는 절도나 강도 같은 강력 범죄가 일어날 확률도 높아진다.

　범죄가 끊이지 않던 뉴욕의 지하철 벽과 차량에는 한때 낙서가 가득했다. 1980년대에 뉴욕에서 보고된 중범죄 사건만 해도 연간 60만 건이 넘었으니, 당시 여행객들 사이에서 '뉴욕의 지하철은 절대 타지 마라'라는 말이 공공연히 전해질 정도였다. 뉴욕 지하철에는 깨진 유리창의 법칙이 그대로 적용되었다. 이를 해결하기 위해 뉴욕시에서는 지하철의 벽과 6천 대가 넘는 차량의 낙서를 전부 지우는 터무니없는 프로젝트를 시작했다. 낙서를 지우는 데 무려 5년이 소요되었지만, 결과는 상당히 고무적이었다. 낙서를 지우기 시작했을 무렵에 뉴욕의 범죄발생률은 완만한 하강세를 보이다가 2년이 지난 후부터는 중범죄수가 감소하기 시작하였다. 이후 범죄율은 지속적으로 감소하였고 결과적으로 중범죄수는 75%나 급감하였다. 낙서를 지우는 것이 이렇게 큰 성과를 거두리라고 예상한 사람은 아무도 없었다. 사소한 잘못을 방치해두면 잘못이 잘못을 불러 결과적으로는 아주 큰 재앙을 가지고 올 수도 있다는 점을 잘 알려주는 사례다.

CCMS 제도 역시 깨진 유리창의 법칙이 적용된 사례다. 2005년 공정거래위원회는 소비자불만 자율관리 프로그램 CCMS Consumer Complaints Management System를 한국에 도입했다. 고객의 불만사항을 사전에 예방하고, 부득이하게 발생된 소비자의 불만과 피해에 신속하게 대응하는 기업에게 CCMS 인증마크가 부여된다. 즉, 이 인증을 받은 기업은 고객의 만족을 위해 노력하는 기업이라는 공식적인 확인을 받은 기업이다. 2005년에는 GS칼텍스, LG전자, CJ, 남양유업, 삼성카드 등 5개 사에서 도입하였고, 2006년에는 13개 사로 늘어났으며 2010년에는 105개 사가 인증신청을 하는 등 점점 확대되었다. 이 프로그램은 고객의 작은 불만을 깨진 유리창처럼 방치하다 보면 기업의 지속성장에 악영향을 미칠 수 있다는 의식에서 출발하였다.

조직역량을 키우기 위해서는 리비히의 '최소량의 법칙'에서 보여주듯, 가장 약한 부분을 보완하기 위한 노력을 해야 한다. 만약, 그 약한 부분에 대한 적절한 대책이 수립되지 않는다면, 깨진 유리창을 그대로 두는 셈이다. 절대로 깨진 유리창은 그대로 방치해서는 안 된다. 야구선수의 어이없는 실책이나 최선을 다하지 않은 플레이를 보고도 묵인한다면 그것을 보는 다른 선수들은 알게 모르게 '다음 번에 내가 실수해도 별 탈 없이 넘어가겠지?'라는 생각을 하게 된다. 이런 마음가짐으로는 조직력이 강해질 리 만무하다.

개개인의 역할분담이 분명해질수록, 조직력은 더욱 중요해진다. 잘 던지는 투수 한 명으로는 게임을 절대 이길 수 없기 때문이다.

부족한 것은 채우고 깨진 것은 수리하라

리비히의 법칙은 최소량의 법칙이라고도 한다. 식물이 성장하기 위해서 필요한 원소들 중 어느 한 가지라도 부족하게 되면 다른 원소가 아무리 많아도 이 부족한 원소에 의해 제한을 받게 된다는 원리다.

	필요량	공급량	공급률
질소(N)	100	50	50%
칼륨(K)	30	10	33%

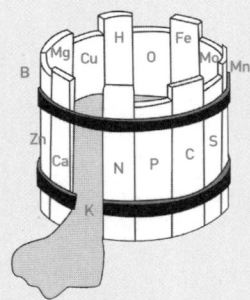

이 경우 칼륨(K) 때문에 식물은 33%만 성장하게 된다. 물통이 아무리 커도 한 귀퉁이가 낮으면 물을 충분히 담을 수 없는 것처럼 생물의 균형 성장을 위해서는 고른 영양분 공급이 필요하다.

이외 '이거 하나 정도는 대충 넘어가도 되겠지?'라며 우리가 소홀히 해왔던 작은 것의 위대함을 강조하는 것이 바로 깨진 유리창의 법칙이다. 경영 전략이나 비전에는 많은 노력과 시간을 투자하면서도 정작 기업을 갉아먹고 있는 사소하지만 치명적인 것들에 눈을 돌리지 못하는 기업과 조직 구성원들에게 '작고 사소한 문제(깨진 유리창)에 집중'이라는 발상의 전환을 통해 성공을 거둘 수 있다는 것이다. 고객이 겪은 한 번의 불쾌한 경험, 한 명의 불친절한 직원, 정리가 되지 않은 매장 등 기업의 사소한 실수가 결국은 기업의 앞날을 뒤흔든다.

자녀들의 교육에 있어서도 고액의 학원 과외, 조기 유학 등도 중요하지만 자녀 교육 전문가들의 말에 따르면 필수 선행 학습으로서 '독서'를 습관화하는 쉬운 것을 가장 강조한다. 그리고 매우 사소한 것 같지만 학교에서 돌아온 후 책가방을 지정된 한 곳에 걸어두는 습관과 책상을 깨끗이 정리하는 습관만 잘 들여도 성적이 좋아진다고 한다. 작은 문제부터 해결해나가는 지혜가 마케터에게도 필요하다.

1	2	3	4	5
0	1	2	0	2
0	0	1	3	1

배팅은 타이밍이고 피칭은
타자의 타이밍을 흐트리는 것이다.
조 디마지오

주황색 봉지는
쓰레기 봉지라고요

🏐 주황색 봉지는 '넛지'다

　야구에서는 양팀에게 똑같이 아홉 번의 공격과 아홉 번의 수비 기회가 주어진다. 단지 누가 먼저 공격을 하는지 달라질 뿐인데, 홈구장에선 자신의 팀이 훨씬 유리하다는 생각이 든다. 롯데는 어웨이 경기를 하더라도 그 곳 홈팬보다 많은 숫자의 롯데팬이 경기를 보러오는 경우가 많기 때문에, 어디나 '홈'인 것을 감안하면 응원 때문에 홈구장이 유리한 경우는 드물다. 어쨌든 야구팬의 입장에서는 '홈'이라는 이유만으로 더욱 열광하게 된다.

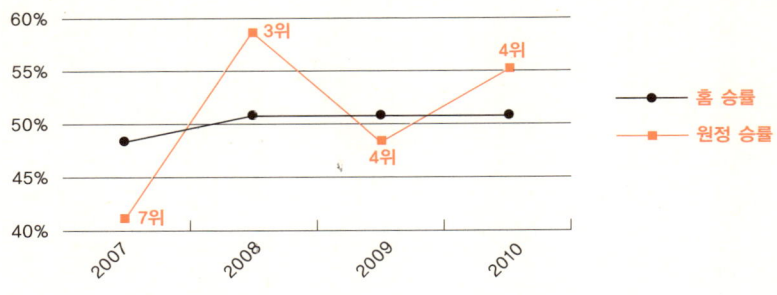

롯데 승률 홈 vs. 원정 비교(출처: www.statiz.co.kr)

위 그래프는 2007년부터 롯데의 홈 승률과 원정 승률을 그린 그래프다. 홈 승률은 5할대로 비슷한 반면, 원정 승률은 들쭉날쭉하다. 2007년에서 2010년까지만 놓고 볼 때는 원정 승률에 따라 성적이 좌우되는 모습이다. 롯데는 8개 구단 중 이동거리가 가장 긴 팀이다. 화·수·목 잠실에서 경기를 치르고 금·토·일에는 사직경기가 있다면, 목요일 저녁에 서울에서 부산으로 이동을 한다. 그 다음주 SK와 원정경기가 있으면 다시 부산에서 인천으로 이동을 해야 하기 때문에 선수들의 체력 부담이 크다. 동에 번쩍 서에 번쩍 이동하는 롯데이건만 홈 승률은 일정하게 유지하는 까닭은 아마도 사직구장 응원 덕분이 아닐까?

지금은 잠실에서도 나눠주고 있지만, 주황색 봉지는 사직구장만의 심볼이었다. TV 중계로 야구를 볼 때, 주황색 봉지를 머리에 쓰고 함께 응원하는 열광적인 모습은 다른 팀을 응원하는 야구팬이라도 한 번쯤 부러워할 만한 일이다. 누구에게는 그저 흔한 봉지일 뿐이지만 야구와 결합하여 롯데만의 문화로 만들어진 이 봉지는 롯데팬들에게 끈끈하게 결속

하는 역할을 한다.

그런데 이 주황색 봉지의 진짜 용도는 쓰레기를 담는 것이다. 적어도 2시간 반에서 3시간이 넘도록 경기를 보다 보면, 쓰레기가 자연스럽게 쌓이기 마련이다. 처음에는 야구장 전광판에 "쓰레기를 버리지 마세요"라고 자막이 나오곤 했다. 하지만 맥주와 통닭, 소주와 족발의 환상궁합을 버리고 어찌 야구장을 논할 수 있을까? 누구의 아이디어였는지는 모르겠지만, 차라리 쓰레기를 버리지 말라고 하는 것보다 "잘 치우세요"라는 긍정적인 메시지를 던져주고자 주황색 봉지를 도입했고, 실제 효과가 있었다. 이 전략은 원래의 의도였던 쓰레기 감소와 청소시간 단축 외에도 '주황색 봉지'라는 사직구장만의 독특한 문화를 만들었다.

주황색 봉지에 바람을 가득 넣어 머리 위에 쓰기도 하고, 큰 리본을 만들어 미키마우스처럼 머리띠를 만들어 쓰는가 하면, 붉은악마의 뿔처럼 만들기도 한다. 봉지 하나로 보여주는 롯데팬들의 재치는 야구 관람의 또 다른 재미가 되었다.

2010년 리처드 탈러가 쓴 『넛지 – 똑똑한 선택을 이끄는 힘』에는 약간의 개입으로 좋은 환경을 만들 수 있는 이야기가 가득하다. '팔꿈치로

• 주황색 봉지에는 롯데백화점의 로고가 새겨져 있다. 적은 비용으로 자사를 홍보함과 동시에 미래의 백화점 고객들에게 주황색으로 '그린 메시지'를 전달하고 있으니 이만한 추천 마케팅 사례가 또 있을까? 사실 백화점 마케팅은 매우 고도의 플레이에 강하다. 젊은 물리학자 정재승의 『과학 콘서트』의 자본주의 심리학 부문에서 '상술로 설계된 복잡한 미로'로 백화점 레이아웃 전략을 기술하고 있다. 대표적인 예로 오직 쇼핑에 집중할 수 있게 시계를 걸지 않고, 바깥 세상과 차단하기 위해 창문을 제거하고 그 대신 어디나 나의 모습을 비춰볼 수 있도록 수많은 유리와 거울로 대체하는 것이 그 비밀이라고 한다.

툭툭 찌르다'라는 뜻인 '넛지Nudge'는 아주 사소한 개입으로 많은 사람들의 선택을 좋은 방향으로 바꿀 수 있다고 말한다. 예를 들면, 살을 빼고 싶어 하는 사람에게 "평소보다 적게 먹고 많이 움직이세요."라고 하는 대신, 집안의 모든 그릇을 크기가 작은 것으로 교체하도록 권유하는 식이다. 이런 작은 변화는 적게 먹어야 된다는 스트레스 없이 자연스럽게 먹는 양을 줄이게 한다.

사람들이 에스컬레이터보다 계단을 이용하도록 만들기 위해서 스웨덴 스톡홀름의 오덴플랜 지하철역에는 피아노 건반처럼 만든 계단이 있다.

피아노 건반을 활용한 계단

이 계단은 밟으면 피아노 소리가 나기 때문에 평소에 비해 66%의 사람들이 옆에 있는 에스컬레이터보다 계단을 이용했다. 그 사람들은 자신이 '계단 이용 캠페인'을 실천하고 있는지 몰랐다. 주황색 봉지 역시 이 넛지의 힘을 이용한 성공적인 사례가 되었다. 만약 리처드 탈러가 사직구장의 주황색 봉지를 알았더라면 분명 책에 주황색 봉지의 내용을 싣고도 남았을 일이다.

비슷한 사례로 미국 캘리포니아주 새크라멘토시에서 보낸 특이한 청구서가 있다. 즉 전기사용료가 이웃집들의 평균보다 높을 경우 '찌푸린 얼굴' 아이콘을, 낮을 경우에는 '웃는 얼굴' 아이콘을 청구서에 표시하는 것이다. 일반적으로 전기세 고지서에는 자신이 사용한 1년의 요금이 나와 있기 때문에 이웃에서 얼마를 쓰는지는 알기 어렵다. 하지만 아이콘으로 전기사용에 대한 점수를 매기는 프로그램을 실시한 결과, 프로그램 도입 6개월 만에 각 가정의 전기사용료가 2% 줄었다고 한다. 선의의 경쟁을 통해 에너지 절약을 할 수 있었던 것이다. 하지만 '찌푸린 얼굴' 아이콘은 주민들의 불평으로 더 이상 쓰지 않는다고 한다.

주황색 봉지는 '그린'이다

야구장의 그라운드 색깔은 그린이다. 그래서 롯데 자이언츠의 주황색 봉지는 더욱 눈에 잘 띈다. 주황색 봉지가 관중들에게 나누어질 때는 흡사 중요한 의식을 치르는 공동체처럼 느껴진다. 롯데가 심볼 색깔인 주황색을 사용한 점도 그린 마케팅 안에 브랜드 이미지를 돈독히 하려는 효과가 있었다.

그린산업이 미래성장 동력이라는 점에서 SK는 그린스포츠 일환으로 그린유니폼을 도입하였다. 하지만 이를 보고 그린산업에 참여하는 고객이 얼마나 될까?

미국 서부 오리건주에는 움프쿠아라는 지역은행이 있다. 이 은행은 1953년에 설립되었으나 1994년 레이 데이비스가 CEO로 취임하면서 전혀 다른 은행으로 변모하였고, 현

그린스포츠 협약식 (출처: SK 스포츠단 홈페이지)

대의 마케팅 코드에 가장 적합한 벤치마킹 대상이 되었다.

    2011년 초 필자들은 움프쿠아 은행에 방문할 기회가 있었는데, 지점을 방문하자마자 깜짝 놀랄 수밖에 없었다. 한국의 일반적인 은행 지점을 상상해보라. 창구 앞에는 각종 서식, 전표, 상품소개, 안내장, 포스터 등 온갖 종이들로 가득 차 있다. 하지만 움프쿠아에서는 종이를 찾아볼 수 없었다. 그 흔한 상품 안내장 하나 없었고 아주 작고 귀여운 입출금 전표 4종류만 있을 뿐이었다.

    움프쿠아에서는 상품 소개를 종이로 하지 않는다. 지점에 비치된 터치스크린을 통해 고객이 직접 보거나 직원이 안내를 해준다. 지점에 있는 컴퓨터를 사용해 고객이 직접 검색을 해볼 수도 있다. 대단한 발상의 전환이 아닌가? 상품을 알리기 위해서는 반드시 종이를 사용해 안내장을 만들어야 한다는 고정관념을 깨고 터치스크린이나 인터넷을 통해서도 얼마든지 상품소개를 할 수 있다는 것을 보여주었다. 이런 전자 방식은 상품정보의 업데이트도 손쉬울뿐더러 비용절감의 효과도 상당하다.

    지점에 종이가 없는 것은 업무프로세스를 간소화하고 비용절감의 효과를 보겠다는 의도로 보고 움프쿠아 직원에게 말을 건넸다.

시애틀에 있는 캐피탈힐 스토어 전경

    "서류를 간소화해서 고객들이 편리하고 영업점 업무프로세스도 최적화되었겠군요."

    하지만 돌아온 대답은 "아니오. 저

희는 지역환경보호를 위해 종이를 줄이는 캠페인을 하고 있습니다. 그러다 보니 자연스럽게 지점에서 쓰는 종이를 전자화하려는 노력이 뒤따랐죠. 저희는 2012년까지 전체 종이사용량의 30%를 감축하려는 운동을 시행하고 있습니다."였다.

이들은 결코 회사 경비를 줄이기 위해 종이를 아껴쓴 거라는 이야기를 하지 않았다. 또 고객의 편리함을 위해 대출 서류를 획기적으로 줄인 것이라고 말하지도 않았다. 그들은 지역환경보호를 위해 종이를 줄여 썼다. 물론, 그 결과는 비용절감으로 나타났으며 그린과 넛지의 완벽한 조합을 보여주었다.

그린산업은 아직 성장기에 접어든 산업이 아니다. 그래서 어떤 기업도 그린산업에 현재의 이익을 기대하지 않는다. 하지만 지구 생태계를 해치는 주범이 인간이라는 점에서 죄의식을 떨쳐내지 못하는 우리들에게 그린 키워드는 늘 화두가 된다. 그린 마케팅으로 기업의 브랜드를 키우고 싶다면 브랜드 이미지 제고를 위한 광고, 세일즈 프로모션•, 마인드 혁신 프로그램 등 기업의 대내외적인 활동에 그린을 입혀보는 것은 어떨까? SK의 유니폼과 같은 직설적인 그린이 아니라 사직구장이 롯데 자이언츠 팬들에게 나눠준 주황색 봉지처럼 우회적 접근으로 그린 마케팅을 실천한다면 뜻밖의 효과를 볼 수 있을 것이다.

• 마케팅에서 프로모션이라고 하면 브랜드, 상품, 서비스 등에 대해 알리는 모든 행위를 지칭하지만, 대부분 프로모션이라고 하면 판매조직 네트워크를 동원하여 매출을 올리는 것으로 상용되고 있다.

마케팅에 그린을 입혀라

친환경 마케팅은 이미 시장의 핵심 트렌드로 자리 잡았다. 이 책에서 자주 언급하고 있는 미국 오리건주의 움프쿠아 은행 역시 그런 마케팅을 아주 잘 사용한 사례 중 하나다. 이 은행은 커피향, 터치 스크린, 호텔리어와 같은 은행원 등 외에도 놀랄 만한 광경이 있는데 바로 지점에 '종이'가 없다는 점이다. 그들은 오리건주의 환경을 보호하자는 차원에서 종이 줄이기 캠페인을 진행해왔고, 그랬더니 자연히 행정적인 업무가 줄어들고 비용 절감의 효과까지 얻을 수 있었다.

이것이야말로 이 은행에서 배워야 할 핵심 사항이다. 한국의 은행을 방문해보면 많은 수의 은행원들이 앞에 놓인 전표와 서류 더미를 쌓아놓고 있다. 그러니 고객 서비스보다는 행정 업무 중심의 일을 할 수밖에 없다. 물론 그 종이에 대한 비용들도 만만치 않다.

그린 마케팅은 삼성전자 신수종 사업*에서 채택된 것도 중요한 일이겠지만, 개인 단위에서 실행해보는 것도 의미가 있다. 집이든 사무실이든 우선 종이를 없애는 것부터 시작해보자. 회의는 가급적이면 말로 하고 한 대씩은 다 있을 PC를 이용하는 습관을 들여 보자. 속도와 창의성이 점점 중요해지는 시대에 새로운 것들이 눈과 머리에 들어올 것이다. 변화와 혁신은 작은 것부터 출발한다. 절대 비우지 않으면 채울 수 없음을 상기하자.

* 미래 산업을 이끌어갈 수 있을 정도로 새롭게 키워나갈 만한 유망한 사업

투수교체는 감독의 감으로
하는 것이 아니다

🧿 투수교체 시기의 민감한 문제

선발투수가 6이닝에 들어서면 일단 승리요건의 기본은 갖춘 셈이다. 동시에 감독은 선발투수의 교체시기를 더욱 예의 주시해야 한다. 감독은 선발투수의 컨디션에 무리가 가지 않는 범위 내에서 교체시기를 최대한 늦추고 싶어 한다. 그래야 중간계투, 마무리투수 운영에 유연성이 생기기 때문이다. 6회가 되면 적어도 2~3번의 타석에 들어섰을 상대 타선은 선발투수의 공에 익숙해졌고 선발투수는 이미 100개 가까이 공을 던졌기 때문에 공의 스피드도 떨어지고 변화구의 각도도 무뎌져 있다. 그래서 감독은 이 둘 사이에서 날카로운 줄타기를 해야 한다.

　감독은 늘 투수가 의도한 공을 던지고 있는지 주시한다. 아무리 안타를 맞는다 해도, '정상적인 피칭'을 하고 있다면 투수교체를 하지 않는다. 하지만 상대 타자가 범타로 물러난다 해도 구위나 컨트롤이 떨어지는 기미가 보이면 즉시 불펜을 가동시킨다.

　그렇다면 감독은 투수교체 의사결정을 어떻게 내릴까? 한발 앞선 투수교체는 몸이 덜 풀린 중간계투를 마운드에 올려야 하기 때문에, 자칫 상대에게 공격의 실마리를 제공할 수도 있다. 교체시기를 늦추다 보면 이미 상황은 걷잡을 수 없는 위기상황으로 빠져 있는 경우가 허다하다. 이러한 선발투수 교체는 감독의 감으로 하는 것이 아니다.

　야구중계를 보면 투수가 다음에 던질 공이나 감독의 작전에 대해 해설

● **야구규칙 [10.19 승리투수, 패전투수의 결정] 조항**
(a) 선발투수는 최소한 5회 이상을 완투(完投)한 후에 물러나야 하며 그때 자기편 팀이 리드 상태에 있고 그 리드가 경기 최후까지 지속되었을 경우 선발투수를 승리투수로 기록한다.
(b) 선발투수가 최소한 5회의 투구가 필요하다는 규정은 6회 이상의 경기에는 전부 해당된다. 경기가 5회에서 종료되었을 경우에는 선발투수가 최소한 4회를 완투한 후 물러나야 하며 그때 자기편 팀이 리드의 상태에 있고 그 리드가 경기의 최후까지 지속되었을 경우, 선발투수를 승리투수로 기록한다.
(c) 선발투수가 본 조항(a)(b)항 규정에 의하여 승리투수가 되지 못하고 2명 이상의 구원투수가 출장하였을 경우 다음의 기준에 의하여 승리투수를 결정한다.
　① 선발투수의 임무 중에 승리팀이 리드를 하여 그 리드를 최후까지 유지하였을 경우 승리를 하는데 가장 효과적인 투구를 하였다고 기록원이 판단한 1명의 구원투수에게 승리투수를 기록한다.
　② 경기 도중 동점이 되면 투수의 승패 결정에 관해서는 경기를 새로 시작하는 것으로 취급한다.
　③ 상대편 팀이 한번 리드하면 그동안 투구한 모든 투수는 승리투수의 결정에서 제외된다. 단, 리드하고 있는 상대편 팀에 대하여 투구하고 있는 동안에 자기편 팀이 다시 리드를 되찾고 그 리드가 최후까지 유지 되었을 경우 그 투수에게 승리투수의 기록이 주어진다.
　④ 그의 투구 중에 자기편 팀이 리드를 되찾아 그 리드를 최후까지 유지하였을 경우 그 투수에게 구원 승리투수를 기록한다. (예외) 구원투수가 일시적 비효과적인 투구를 하고 그 뒤에 출장한 구원투수가 리드를 유지하는 데 충분하고 효과적인 투구를 하였을 경우, 앞서의 구원투수에게 승리투수를 기록한다.

자가 예측을 할 때가 있다. 그 말이 채 끝나지도 않은 상황에서 해설자의 예측이 들어맞는 경우도 많다. 이럴 때면 해설자가 미래를 보는 능력을 지닌 게 아닌가 싶을 정도로 신기하다. 하지만 그 해설자는 선수들에 대한 많은 통계치를 보고, 가장 확률이 높은 쪽으로 배팅을 하는 것이다.

2009년 기아는 통산 10회 우승을 일구어냈다. 1997년 마지막 우승 이후 12년 만의 일이었다. 2009년 10월 24일 한국시리즈 7차전, 양팀으로서는 물러설 수 없는 한판이자, 롯데팬으로서는 어느 쪽이 이기든지 이 게임은 올해 마지막 게임이라는 애잔한 마음으로 보고 있었다. 초반 흐름은 SK에게 있었다. 5회초 3:0으로 SK가 리드하는 상황에서 5회말 1점을 따라붙은 기아를 6회초에 2점을 추가하며 4점차로 벌렸다. 4이닝이 남은 상황에서 4점차는 시즌에서도 뒤집기 쉽지 않은 점수인데, 하물며 우승을 가르는 중압감이 가득한 게임에서의 4점차는 기아에겐 넘지 못할 벽으로 느껴졌을 것이다. SK 투수는 5회말부터 던지기 시작했던 좌완 이승호였다. 6회말 첫 타자 김원섭의 타구가 SK 유격수 나주환의 글러브에 튕기는 바람에 무사 1루가 된 상황을 맞은 김성근 감독은 투수교체를 하지 않았다. 그리고 다음 타석에 들어선 나지완은 보란듯이 2점 홈런을 날렸고 김성근 감독은 홈런 이후에 이승호에서 카도쿠라

2009년 한국시리즈 MVP 나지완 선수
(출처: 기아 타이거즈 홈페이지)

로 투수를 교체했다.

 2009년 나지완은 이승호를 상대로 4타석 3타수 2안타로 SK 투수를 상대로 가장 강한 면모를 보였던 반면 카도쿠라를 상대로는 8타석 7타수 무안타였다. 물론, 김성근 감독 입장에서 모든 것을 고려해서 내린 결정이겠지만, 결과적으로는 늦은 투수교체로 기아에게 추격의 발판을 마련해준 것이다.

데이터 분석은 비즈니스 의사결정의 수단일 뿐 목적은 아니다

 모든 비즈니스에서는 데이터의 중요성을 강조한다. IT기술의 발달로 대용량 데이터를 저장하고 처리하는 일은 쉬워졌다. 10년 전의 PC와 지금의 PC 사양을 비교해보자. 용량이나 CPU의 성능은 훨씬 좋아졌지만 가격은 비슷하거나 오히려 떨어졌음을 알 수 있다. 기업에서 쓰는 하드웨어에도 비슷한 현상이 나타난다. 오히려 이런 점이 데이터를 무작정 쌓아두는 현상을 유발하고 있다. 개인적으로 쓰는 PC도 하드디스크의 용량이 커지면서 무작정 자료를 쌓아두고만 있지 않은가? 중요한 것은 데이터는 쌓는 행위가 아니라, 분석하고 비즈니스에 이용하기 위한 목적이라는 것을 늘 염두에 두어야 한다.

 데이터를 분석할 때도 많은 사람들이 착각을 하는 것 중에 하나가 데이터는 무조건 많을수록 좋다는 생각이다. 물론, 완전히 틀린 말은 아니다. 1개의 표본보다는 100개의 표본에서 얻은 데이터의 신뢰도가 높다. 하지만 예측정확도를 높이기 위해 표본을 10만 개, 100만 개로 올리는 일은 오히려 시간 낭비가 될 수도 있다. 데이터를 분석하는 행위는 과거의 행태를 통해 미래를 논리적으로 예측하기 위해서 하는 행동이다. 데이터를 100만 개 분석해서 약간의 정확도가 높아진다 한들, 미래를 100% 맞출 수는 없다.

통계자료에 대한 사람들의 착각도 이와 비슷하다. 통계는 과거의 행위에 대한 결과를 숫자로 기록해놓은 것일 뿐, 왜 그런 숫자가 나왔는지에 대한 원인은 나와 있지 않다. 그리고 미리 정해진 것만 수집하고 쌓아놓기 때문에 다른 중요한 요소를 놓칠 가능성도 높다. 그렇기 때문에 반드시 다른 통계와의 상관관계를 따져봐야만 정확한 의미를 파악할 수 있다.

어떤 기업이 매출액과 직원 숫자 간에 어떤 관계가 있는지 분석을 한 후, "우리가 순이익과 직원 숫자를 두고 회귀분석을 해본 결과 이 둘은 상관계수가 0.8로 상당히 관계가 높습니다. 그래서 우리 기업은 올해부터 직원채용을 20% 늘려야 합니다. 그러면 순이익이 16% 늘어날 것입니다."라고 결론을 내렸다고 가정해보자. 그 기업의 사업이 성장기에 있었기 때문에 직원을 늘렸을 수도 있고, 우수 직원을 많이 기용해서 순이익이 늘어났을 수도 있다. 전자가 사실이었다면, 위의 분석은 결과와는 달리 과도한 판관비로 오히려 이익이 줄어들 것이다. 후자가 사실이었다고 해도, 순이익에 영향을 주는 주요 요인이 직원 이외의 요인이 있는지 면밀히 검증해야 하며, 단순히 직원의 숫자가 아니라 우수 직원을 채용해야 한다는 점을 간과해서는 안 된다.

특히 요즘에는 소셜미디어의 영향으로 데이터의 양은 가히 폭발적으로 증가하고 있다. 2010년 디지털 공간에 축적된 데이터 규모는 약 12억 테라바이트[TB], 1,200조 메가바이트[MB]로 추정하고 있다.• 또한 월마트는 시간당 100만 건의 거래 기록이 저장되며 2008년까지 축적된 데이터규모는 2,500테라바이트에 이를 정도라고 하니, '대용량 데이터'에 대한 정의를 다시 내려야 할 정도로 규모가 기하급수적으로 증가했다. 이런 빅데이터를 분석하는 일은 기존의 데이터 분석 방식과 전혀 다르게 접근해야 한다.

미국 보건국에서는 독감유행징후를 판단하는 근거로 구글 검색어를 활용하고 있다. 사람들이 독감에 걸릴 것 같으면 구글 검색을 관련 단어로 할 것이라는 아이디어에서 출발하여 독감 관련 검색어가 늘어나면 독감 유행의 징후가 포착되었다고 판단해 대응책을 마련하기도 한다. 볼보 자동차도 전자제어 시스템에 여러 가지 센서를 설치하여 이 정보를 본사의 분석시스템으로 전송하여 차량의 결함을 빠른 시간에 판단할 수 있었다.

지금은 감독이 투수교체를 할지 말지 의사결정을 내려야 하는 긴박한 순간이다. 그때 구단의 데이터 분석 담당자가 분석 행위만 몰입하다 보면 "우리 투수는 날씨가 맑고 기온이 25도 정도에 북서풍이 부는 날 저녁 8시

• 1TB=1,024GB, 1GB=1,024MB 보통 영화 한편의 용량은 1GB 이하이다.

에는 안타를 맞은 적이 없습니다."라고 대답을 할 수도 있다. 만약 당신이 감독이라면 이런 말을 들었을 때 어떤 생각이 들겠는가? 투수교체는 지금 던지고 있는 투수를 빼는 것이 중요한 게 아니라 앞으로 던질 투수를 누구로 할 것인지가 더 중요하다. 이미 지나간 플레이가 아니라 앞으로 벌어질 플레이에 초점을 맞추지 못한 분석은 아무런 의미가 없다.

2009년 한국시리즈 7차전에서 김성근 감독이 나지완의 타석 때 이승호 대신 카도쿠라를 한발 빨리 교체했다 할지라도 반드시 이긴다고 보장할 수 있을까? 나지완이 시즌 내내 카도쿠라에게 단 한 번의 안타도 치지 못했다 할지라도 2009년 10월 24일 나지완이 카도쿠라를 상대로 홈런을 치지 못했을까? SK 김성근 감독은 이런 말을 한 적이 있다.

"숫자는 거짓말하지 않는다. 그러나 데이터도 중요하지만 그 데이터를 표현할 수 있는 몸이 돼 있어야 한다."

미래를 예측하는 것은 신의 영역이다. 데이터 분석은 신에게 조금 가까워지기 위한 수단일 뿐 목적은 아니다.

데이터 분석은 현장에서 하라

데이터 분석에서 가장 유명한 일화는 '아기 기저귀와 맥주'다. 한 유통업체에서 데이터 마이닝data mining을 한 결과 남편들이 기저귀를 사러 마트에 들렀다가 맥주도 함께 산다는 행동패턴을 발견했다. 그래서 진열장에 기저귀와 맥주를 같이 놓았더니 매출이 함께 증가했다는 것이다. 하지만 실제 데이터 분석을 통해 이런 드라마틱한 결과를 도출해내는 일은 쉽지 않다. 오죽했으면 데이터 분석을, 금광에서 금을 캐내는 일에 비유를 했겠는가?

요즘은 페이스북, 트위터 등 SNS의 등장으로 인해 데이터의 축적범위가 거대해졌고 그래서 금을 캐기가 더욱 어려워졌다. 데이터를 대하는 가장 잘못된 태도는 복잡한 통계적인 기법(인공지능, 클러스터링, 회귀분석, 로지스틱, 디시전트리)을 사용하면 놀랄 만한 솔루션을 발견할 수 있다고 생각하는 것이다. 하지만 데이터는 데이터일 뿐이다. 한 변수와 변수 사이의 유사관계가 있다고 증명을 한들, 그 관계는 과거의 데이터 사이에 보이는 관계다. 또한 데이터베이스에 오류가 없다는 보장도 없다. 데이터 분석에서만 금맥을 찾으려 하는 것보다 현장에서 답을 찾는 것이 더욱 빠르다. 현장을 잘 관찰하면 복잡한 데이터 분석 테크닉을 모르더라도 금맥을 찾을 수 있다. 적어도 수많은 데이터 중에서 어디부터 접근해야 할지 범위를 좁힐 수 있다. 데이터 분석을 하는 근본은 고객 만족에 있다. 그리고 고객 만족은 현장에 답이 있다. 큰돈을 들여 시스템을 구축하지 않더라도 현장에서 답을 찾으면, 데이터 분석은 엑셀로도 충분히 가능하다.

최선을 다하고 그 나머지는 잊어라.

월터 앨스턴

잘 되면 투수탓,
안 되면 포수탓?

포수는 투수 다음으로 중요한 존재다

    사람의 발은 인체의 축소판이다. 그래서 머리가 아프거나 소화가 되지 않을 때, 발 마사지를 하면 신기하게도 증상이 나아지는 것을 경험할 수 있다. 발은 52개의 뼈와 64개의 근육, 76개의 관절과 214개의 인대로 이루어진 복잡한 조직이다.* 우리 몸은 총 206개의 뼈로 구성되어 있는데, 신체의 면적으로 따지면 2%밖에 되지 않는 발에 뼈의 1/4이 있는 것이다.

* 발목으로부터 지면에 접촉하는 발까지 합한 개수

그 발로 우리는 일을 하러 가고, 친구를 만나며, 가족과 나들이를 간다. 그래서 '발'이 들어간 단어에는 어떤 지위에 오르거나 행위를 하는 단어가 많다. 취직할 때 필수로 쓰는 이력서는 '신발 이履, 다닐 력歷, 기록 서書'로 '신발로 다닌 기록'이라는 뜻이고, 발자취를 뜻하는 '족적足跡'도 역사적인 사건이나 업적 등에 대해 이야기할 때 등장한다. 이렇게 중요한 발이지만 비좁은 하이힐에 구겨 넣거나, 아주 피곤한 날에는 발 씻는 일은 생략할 정도로 푸대접 받고 있다.

포수는 발과 같은 존재다. 투수가 던지는 강속구를 매번 받아내야 하고, 의도한 방향으로 공이 오지 않으면 몸을 던져서 공을 막아내야 한다. 또한 2kg이 넘는 포수장비를 한 채로 한 경기당 최소 100번 이상은 앉았다 일어나서 투수에게 공을 던져줘야 한다. 그뿐만이 아니다. 상대 타자가 홈으로 전력질주하는 것을 몸으로 블로킹하면서 우리 수비수의 공을 놓치지 않고 잡아야 한다. 가르시아 같은 선수가 속도를 늦추지 않고 그대로 달려든다● 할지라도 블로킹 자세를 유지해야 한다. 그래서 늘 몸은 멍투성이가 되고 부상을 달고 사는 포지션이 포수다.

TV 중계에서 포수는 마스크 쓴 모습만 비춰진다. 포수 뒤로 뜬 파울볼을 잡으러 가지 않는 한 얼굴은 TV에 나오지 않는다. 그뿐만이 아니라 안타를 맞으면 공배합에 대한 비난을 속으로 삼키고 의기소침해진 투수를

● 가르시아는 포수가 블로킹을 하고 있는 상황에서도 속도를 줄이지 않고 공격적으로 홈대쉬를 한다. 남미에서는 일반적이지만, 한국야구에서는 정면충돌을 피하는 경우가 많다.

2010년 준플레이오프 2차전(출처: 롯데 자이언츠 홈페이지)

다독거려야 한다. "도루는 투수로부터 뺏는 것이지 포수로부터 뺏는 것이 아니다."라는 야구격언이 무색하게도 도루를 허용하면 제일 먼저 비난을 받는 것은 포수다. 그런 와중에도 투수를 리드하고 수비수들의 위치를 조정해야 한다.• 그래서 포수는 투수 다음으로 중요한 존재다.

투수 리드를 잘하기 위해서는 경험이나 인간성, 투수와의 호흡, 판단력 등을 갖추어야 할 뿐 아니라 상대 타자에 대한 연구도 필수적이다. 그 타자가 어떤 공에 강한지 어떤 공에 약점이 있는지 혹은 어떤 습관이 있는

• 포수는 유일하게 자기 수비수들을 정면에서 바라볼 수 있는 위치에 있다.

지도 살펴야 한다. 원년 차동열에서 심재원, 한문연, 김용운, 김선일, 강성우, 임수혁, 최기문, 강민호까지 모든 포수들이 소위 말하는 '훈남'인 것은 자연스러운 일이 아닐까? 자신보다는 늘 팀을 먼저 생각해야만 하는 자리를 지키다 보면 야구실력뿐 아니라 사람의 심성도 길러지는 셈이다. 그래서 야구에서는 포수를 '안방마님'이라고 부른다.

안방마님 포수

어린 시절에는 라디오로 야구 중계를 많이 들었다. TV가 흔한 시절도 아니었을뿐더러, TV 중계가 자주 있는 일도 아니었기 때문이다. 혹여 TV로 중계를 본다 하더라도 야구의 가장 클라이막스 장면에서 "정규방송 관계로 중계는 여기까지만 합니다. 시청자 여러분의 양해를 바랍니다. 경기결과는 스포츠 뉴스를 통해 확인할 수 있습니다."라는 자막이 나오는 일이 비일비재했다. 이처럼 중계를 보는 것도 쉽지 않은 실정이었으니, 야구 데이터를 구하는 일은 더욱 어려웠다. 그래서 드라마틱하게 흥분하는 캐스터의 머리에 컴퓨터가 들어가 있는 것이 아닐까 하는 착각을 하게 만드는 해설가의 중계에 더욱 열중하게 되었는지도 모르겠다.

KBO 총재까지 역임한 하일성 위원의 해설은 당대의 최고라 해도 과언이 아니다. 약간 칼날진 특유의 목소리도 좋았지만 "이번에 좀 조심해야 할 것 같은데요…"라는 말이 끝나기도 전에 "깡~" 하는 경쾌한 배트

소리와 함께 "안타!"라는 캐스터의 목소리가 들렸으니 어린 마음에 하일성 위원이 신처럼 느껴지기도 했다. 그가 귀신 같이 야구의 미래를 맞출 수 있었던 것은 투수와 타자의 특성, 과거 데이터, 경기 전에 선수와의 대화 등을 근거로 한 복합적인 의사결정 때문이었다. 물론 그 사실을 알게 된 이후에도 그의 해설에는 인간의 능력을 넘어서는 무엇인가가 있는 것처럼 느껴진 적이 많았다.

야구 해설자는 TV 중계 앞에 앉은 수많은 시청자를 위해 포수 머릿속의 복잡한 생각을 읽어서 전해주는 사람이다. '열길 물속은 알아도 한길 사람 속은 모른다'는 속담도 있듯, 어찌 야구장 밖에 있는 사람이 야구장 안에 있는 선수의 머릿속 생각을 100% 다 읽을 수 있을까? 사실 아무런 이야기도 하고 있지 않을 것 같은 야구장에서는 수많은 이야기가 오고 간다. 해설자도, TV 중계를 보고 있는 사람도, 야구장에서 직접 경기를 보고 있는 사람도 이런 이야기를 짐작한다. 결과만 놓고 보면 맞을 수도, 틀릴 수도 있지만, 야구를 보는 사람은 모두가 감독이고 모두가 포수가 된다. 그래서 "야구를 보고 지겹다고 하는 사람은 상상력이 없는 사람이다."라는 말을 하는지도 모르겠다.

그런데 포수의 머릿속에는 해설자의 이야기 세 배 분량의 내용이 왔다 갔다 한다. 이를 상상해보라. 포수가 얼마나 중요한 역할인지 새삼 느껴질 것이다. 포수는 우리가 생각하는 것보다 훨씬 중요한 역할을 한다. 하지만 투수가 제일 멋있어 보이는 어린 시절에 야구를 처음 접했기 때문에 포수의 중요성을 발견하기에는 너무 어렸을지도 모른다. 또한, 프로야구

선수들의 최고 몸값은 특급투수들이나 홈런타자들에게 집중되어 있기 때문에 포수의 가치를 발견하기란 쉽지 않았다. 혹자는 투수를 아버지의 역할로, 포수를 어머니 역할로 비유하기도 한다. 야구에서는 포수의 역할이, 시장에서는 여성의 역할이 커지고 있음은 우연의 일치일까?

⚾ 2002년 뜨거웠던 여름, 히딩크 리더십

프로야구의 라이벌이라 할 수 있는 축구, 그 중에서도 월드컵 시즌이 되면 온 국민의 관심이 오로지 축구에만 쏠릴 정도로 그 인기가 대단하다. 불타는 정열은 오래 지속되기 힘들고, 천재는 단명한다는 말이 있듯, 4년 만에 한 번, 보장된 3게임에 쏟아지는 관심은 월드컵 시즌이 끝나기가 무섭게 사그라든다. 타오르는 젊음이 한 번에 사그라드는 느낌을 받을 때면, 해태 타이거즈 김상진 선수●의 다시는 보지 못할 젊은 투구가 떠오른다. 2002년 롯데는 133게임 중 35승만을 거두며 승률 0.256으로 8위를 했고, 한국 축구국가대표는 월드컵 4강이라는 대업을 이루어냈다. 월드컵 4강의 중심에는 히딩크가 있었다.

히딩크가 한국 국가대표 감독직을 맡고 제일 처음 한 일이 한국 선수들

●
1996년, 열아홉의 나이로 프로무대에 데뷔했던 김상진은 1996년, 1997년 2년 연속 선발 9승을 일궈내며 한국시리즈를 우승으로 이끌었다. 하지만 그는 1998년 암선고를 받고 1999년 사망하였다.

의 경기 비디오를 본 것이다. 히딩크는 비디오 분석을 통해 한국 선수들의 체력에 문제가 있다는 단점을 발견했다. 그래서 체력보강 훈련을 시작했다. 또한 히딩크는 선수들이 왼발과 오른발을 자유자재로 쓸 수 있다는 장점을 가진 사실도 발견했다. 그래서 선수들의 양발 사용 기술을 활용한 멀티플레이 작전을 구사했다.

단점을 극복하고 장점을 극대화할 수 있는 전략을 구사한 것 외에도, 히딩크는 선수들에게 자신감을 불어넣었다. 자신들보다 머리 하나 정도가 더 큰 키 차이를 가진 유럽선수들을 만나기만 해도 주눅이 드는 한국 대표선수들에게 "세계를 놀라게 하자."며 자신감을 가득 불어넣어주었다. 가장 중요한 것은 선수들에게 '즐기는 축구'를 주문한 것이다. 축구든, 일이든, 즐거우면 집중력이 강해지고 실수가 줄어들며 유연한 플레이를 할 수 있기 때문이다. 때로는 감독 스스로가 놀림감이 되면서도 선수들에게 즐거움을 선사했다.

축구는 실패투성이 게임이다. 골을 만들어내려고 수많은 드리블과 패스를 시도해야 겨우 한두 골로 승부를 결정짓게 된다. 그 숱한 시도들은 대부분 실패한다. 따라서 축구는 실패를 컨트롤하는 게임이다. 그렇기 때문에 축구선수는 실패를 두려워해서는 안 된다는 것이 히딩크의 철칙이었다. 실패가 두려워 아무런 시도를 하지 않거나, 실패했다고 해서 의기소침해하거나, 실패가 두려워 다음 기회를 노리지 않는 선수는 용납하지 않았다. 하지만 찬스를 만들어내려고 노력하고, 모험을 감행하다 실패하는 것은 얼마든지 용납했다. 그런 히딩크였기 때문에 포르투갈전에서 골을 넣은 박지성이 아빠에게 달려가듯 감독에게 와락 안길 수 있었던 것 아닐까?

포수는 그라운드의 CEO

흔히 감독의 자리를 기업의 CEO와 비교한다. 선수들을 훈련시키고 독려하며, 채찍질하고 능력을 발휘하여 승리를 이끌도록 하는 감독은 직원들을 적재적소에 배치하고 사업을 관리하며, 경영환경의 흐름을 예의 주시하고 기업의 지속가능성을 책임지는 CEO의 역할에 완벽히 비유된다. 선수들을 컨트롤하고 관리하는 감독이 야구에서 CEO라면 야구 그라운드에서의 CEO는 포수다. 자신이 바라보고 있는 8명의 선수를 보듬어 안아야 하는 야전사령관이자 안방마님의 역할을 해주는 자리이기 때문이다.

삼성 라이온즈의 원년 포수 이만수는 그라운드의 CEO에 가장 걸맞은 인물이다. 이만수는 때로는 어줍잖은 농담으로 타석에 들어선 타자를 교란하기도 하고, 형님 같은 웃음으로 선수들의 실수를 달래주며, 투수에게 '공이 빠

인천구장이 만원관중이 들어서면 팬티만 입고 운동장을 돌겠다는 약속을 지킨 이만수 코치(출처: SK 스포츠단 홈페이지)

지면 이만수 형님이 막아주겠지.'라는 믿음을 주어 낮은 공도 마음 놓고 던질 수 있도록 이끌었다. 그런 그였기에 코치직에 있으면서도 만원관중에 보답하기 위해 팬티만 입고 운동장을 돌거나, 훈련에 지친 선수들을 유머로 달래주고, 직접 포수마스크를 쓰고 투수의 공을 받아줄 수 있었던 게 아닐까?

야구에서 왼손잡이는 환영을 받는다. 현재의 야구 룰이 왼손잡이 선수에게 좀 더 유리하게 정해져 있기 때문이다. 그래서 "좌완 강속구 투수는 지옥까지 쫓아가서라도 데려와야 한다"는 야구격언도 있다. 그만큼 투수가, 그것도 빠른 공을 던질 수 있는, 게다가 그가 왼손투수라면 기꺼이 스틱스 강을 넘어 하데스를 만날 만한 가치가 있다. 이에 반해 '관중을 끌어 모으기에는 4번 타자면 족하지만, 우승을 하려면 포수가 필요하다.'라는 격언이 있다. 우승을 위해서는 지옥에서 데려온 좌완 강속구 투수보다는 좋은 포수가 더욱 필요하다는 것을 이야기한다.

2008년 전 세계 금융시장을 뒤흔든 글로벌 유동성 위기는 내로라하는 금융회사들을 줄줄이 무너지게 만들었다. 100년 역사를 자랑하는 리만 브라더스가 파산하였고, 메릴린치는 뱅크 오브 아메리카에 합병되었으며, 미국 5대 투자 은행인 베어스턴스는 JP모건에 합병되었다. 하지만, 1992년 설립된 블랙록은 철저한 리스크 관리를 통해 전 세계적인 금융위기에도 굳건히 살아남았다. 설립 당시 170억 달러의 자산이, 2010년 6월에는 1,500억 달러로 늘었다. 18년 동안 무려 160배나 성장한 것이다. 이런 블랙록의 성장 뒤에는 CEO 로런스 핑크가 있었다. 그는 블랙스톤의

CEO인 스티븐 슈워즈만과 투자전략에 충돌이 있어 블랙스톤에서 해고당하며 블랙록을 설립하였다. 조직내부 역량을 키우는 동시에 M&A를 통한 성장전략으로 지금의 블랙록을 만들어냈다. 업계에서는 블랙록의 고속성장을 탐탁지 않게 생각하며 M&A를 하며 여러 회사의 문화가 충돌을 일으킬 것이라고 예상하거나 규모가 커지면서 성장률이 떨어질 것이라고 했다. 하지만 이런 비난여론을 비웃듯 블랙록 펀드의 투자자들은 철저한 리스크 관리 시스템으로 금융 위기에도 크게 손해를 보지 않은 로런스 핑크의 손을 들어주었다.

우승을 꿈꾸는가? 세계 제일의 기업이 되고 싶은가? 그렇다면 좋은 포수를, 좋은 CEO를 영입하는 데 매진해야 한다.

CEO의 역할은 아무리 강조해도 지나치지 않다

혁신적인 일부 기업을 빼놓고 대부분 기업의 종업원은 수동적일 수밖에 없다. 요즘 정치나 경제의 영역에서 민주다 소비자주권이다 외치지만 사람들이 모여 사는 세상에서 수직적인 조직 구조는 없어질 수가 없다. 기업이라는 이해관계로 구성된 조직에서는 더더욱 그렇다. 기업의 가치를 측정하는 'CEO 주가'라는 말이 있듯이 CEO의 중요성은 요즘 들어 더 중요해지고 있다. CEO의 역량이 기업의 실적을 좌지우지하고 돈으로 바꿀 수 없는 기업 문화를 만들어가는 것이다.

이렇게 중요한 CEO가 갖춰야 할 덕목을 보면 가장 우선시 되는 것은 자신이 영위하는 사업의 정체성을 찾는 것이다. 『일본 전산 이야기』의 주인공인 나가모리 시게노부 사장은 모터회사인 일본전산의 비전을 '돌아가고 움직이는 모든 분야에서 1위'라 하였다. 삼성의 이건희 회장도 백화점과 호텔의 업의 본질을 유통업과 서비스업이라고 말한 계열사 CEO 등을 질책한 뒤 "백화점업은 부동산업, 호텔업은 장치산업으로 봐야 한다."며 업의 본질을 따졌다. 따라서 CEO에게 필요한 첫째 역량은 자신의 사업에 대한 본질과 정체성을 확고히 하는 것이다. 더불어 CEO는 직원들에게 권한을 위임해야 한다. 사실 CEO는 할 일이 많다. 그 많은 일을 다 챙기다가는 일을 그르칠 수도 있다. 그러므로 CEO는 사장을 채용하고 그 사장이 임원을 뽑아, 그 임원이 팀을 꾸리고, 훌륭한 팀원으로 조직이 원활히 움직이게 만들어야 한다.

혜성 같이 등장한 선수라고요?

🎾 인재는 뽑는 것보다 키우는 것이 중요하다

이기는 야구 SK, 신바람 LG, 화수분 두산, 그리고 꼴데*, 봄데** 롯데 등 각 구단마다 수식하는 말이 있다. 이 중 개인적으로 가장 부러운 별칭은 두산의 '화수분'이다. 손시헌, 이종욱, 고영민, 김현수, 오재원, 정수

●
꼴데는 꼴찌 롯데의 줄임말로 2000~2003년까지 연속으로 4시즌 8위를 하면서 생긴 별명이다. 당시엔 슬픈 별명이었으나 지금은 롯데팬들도 선수들이 어이없는 플레이를 할 때면 "꼴데짓한다"며 우스갯소리를 한다. 그만큼 롯데도 강팀의 반열에 오른 것을 반영한다.

●●
개막 이후 초반 상승세가 강했던 롯데를 일컬어 봄의 롯데를 줄여 봄데라 한다.

빈, 용덕한, 양의지 등은 모두 무명선수들이었다. 두산은 주전 플레이어가 예기치 않은 부상을 당했을 때 갑자기 나온 백업선수가 그 빈자리를 신기하게도 잘 채워준다. 재물이 자꾸 생겨서 아무리 써도 줄지 않는 단지를 일컫는 화수분은 특출난 스타플레이어가 없어도 매년 스타급 플레이어를 배출하며 꾸준히 상위권을 유지하는 두산을 표현하는 아주 적절한 수식어다.

4월부터 9월까지 매주 6경기씩 그것도 홈과 원정을 왔다 갔다 하며 게임을 하다 보면 어느 팀이나, 어느 선수나 슬럼프는 오기 마련이다. 하지만 두산은 팀의 슬럼프가 없다. 어떤 선수가 슬럼프에 있으면 다른 선수의 컨디션이 최고조로 올라 이를 쇄한다. "계란을 한 바구니에 담지 마라"는 투자 격언은 재산을 투자자산 별로 분산하면, 투자자산 간 이익과 손실이 상쇄되는 효과를 뜻한다. 마치 두산은 선수들을 별도의 바구니에 넣은 것처럼 꾸준하다. 이런 두산의 화수분 야구는 선수를 꾸준히 키우고 훈련시키는 문화에서 나왔다.

인도의 대표적 IT기업인 인포시스는 '사업은 결국 사람장사'라는 마음으로 직원교육에 열중하고 있다. 그 결과 7명의 엔지니어가 250달러의 창업자금으로 설립한 기업이 불과 30여 년 만에 인도에서 가장 존경받는 기업으로 성장했다. 인도에서는 인포시스를 나스닥에 최초로 상장한 기업, 약 10만 명의 직원을 보유하고 인재 교육과 육성으로 성공한 기업이라며 한 목소리로 이야기한다.

인포시스의 교육시설은 '세계 교육 센터Global education center'로 마이소르에 위치해 있다. 1억 2천만 달러를 투자해서 지은 교육센터는 볼링장, 미용실, 수영장, 헬스장, 3개의 극장, 거대한 돔 등으로 구성되어 있어서 밖에서 보면 마치 디즈니랜드와 대학교를 섞어놓은 듯한 인상을 받는다. 하지만 인포시스 교육의 핵심은 잘 지어놓은 교육센터가 아니라 어렵게 뽑고 철저하게 관리하는 교육 시스템에 있다.

인포시스에 입사하기 위해 도전하는 사람들은 매년 100만 명 정도이다. 하지만 이 중에 합격하는 사람은 1%뿐이다. 합격하기 위해서 어려운 수학공식이나 논리적인 퍼즐을 풀어낸 합격자들은 면접을 거친다. 이후 세계교육센터에서 하루에 8시간씩 실무와 팀워크, 회사 규범 등에 대한 교육을 받고 졸업시험에 합격해야만 인포시스의 직원이 될 수 있다. 그들은 똑똑한 인재를 선발하는 것보다 인재를 똑똑하게 만드는 데 집중한다.

또한, 어렵게 뽑고 기른 인재의 창의적인 생각을 경영에 바로 접목하기 위해 '청년의 목소리'라는 제도를 운영한다. 이것은 서른 이하의 젊은 직원 9명이 최고경영자회의에 정기적으로 참여하여 경영자와 토론을 하는 '청년 중역회의'이다. 이 과정을 통해서 참신한 아이디어가 경영에 반영되며 직원 간의 원활한 의사소통과 경영능력 개발, 근로의욕을 복돋아 주는 효과까지 얻는다.

⚾ 플래툰 시스템은 경쟁을 통해 팀을 강하게 한다

프로시장에는 ABC부터 가르치는 교육은 없다. 이것은 대학생에게 덧셈을 가르치는 일이나 다름 없기 때문이다. 프로선수에게는 선배의 '코칭'이 있다. 감독이나 코치, 선배들과 훈련하고 경기를 치르면서 프로 근성, 스포츠맨십 등 직업 야구인으로서 가져야 할 것들을 자연스럽게 배우게 된다. 이런 코칭기법은 세일즈 코칭, 비즈니스 코칭, 라이프 코칭 등 영업, 고객관리 전반으로 영역을 확장하며 점점 중요성이 커지고 있다.

야구에서 코칭은 코치만 하는 것이 아니다. 중계를 보다 보면 선수들끼리 많은 대화를 나누는 모습을 자주 목격하게 되는데, 자신이 잘 안 되는 부분을 선배나 동료에게 물어보고 대답을 듣는 과정에서 슬럼프 극복의 실마리를 얻는 것이다.

야구에서 일어나는 특별한 코칭은 한 포지션에 두 명을 교대로 기용하는 플래툰 시스템platoon system*에 있다. 즉 '주전 유격수', '주전 1루수' 혹은 '붙박이 3번 타자'가 없다는 것이다. 이 시스템은 기량이 완숙하지 않은 선수들에게 실전경험을 쌓을 수 있는 기회를 주기 때문에 신인 선수를 빨리 성장시킬 수 있다. 플래툰 시스템의 숨은 장점은 선수 간 주전경쟁을 유발한다는 점이다.

플래툰 시스템이 아니라 할지라도 세상은 경쟁이 아닌 순간을 찾기 힘

• 한국 프로야구에서는 SK가 플래툰 시스템의 전형을 보여준다.

들다. 우리 모두는 태어나기 이전에 5억대 1의 경쟁을 뚫고 세상에 나온 존재다. 태어난 이후에도 형제들과 부모님의 사랑을 독차지하기 위한 경쟁을 하고, 학교에 입학을 하면 등수 경쟁을 한다. 좋은 회사에 취직하기 위한 학점 경쟁을 하고 입사 이후에는 승진 경쟁을 한다.

삼성은 1993년에 이건희 회장이 '처자식 빼고 다 바꿔라'라며 신경영을 추진했다. 이때 변화의 리더십 이야기를 하며 '메기론'을 이야기했다. 그는 임원들이 진정으로 회사를 생각한다면 후배들을 야단치고 조직에 긴장을 줄 수 있는 메기가 되어야 한다고 했다.

"미꾸라지를 논에 키울 때 한쪽 논에는 미꾸라지만 넣고, 다른 한쪽엔 미꾸라지와 함께 메기를 넣어 키우면 어떻게 될까요? 메기를 넣어 키운 쪽 논의 미꾸라지들이 훨씬 통통하게 살이 쪄 있었다고 합니다. 그 미꾸라지들은 메기에게 잡혀 먹히지 않으려고 항상 긴장한 상태에서 활발히 움직였기 때문에 더 많이 먹어야 했고 그 결과 더 튼튼해질 수밖에 없었던 것이죠.

기업도 다르지 않습니다. 항상 적절한 긴장과 자극, 건전한 위기의식이 있어야 변화에 적응하는 능력이 생기고, 치열한 경쟁에서도 뒤지지 않고 계속 성장할 수 있습니다. 온 세계가 첨단기술을 중심으로 국경을 초월한 기업 경쟁을 하고 있는 이때, 우리만이 여전히 '국내 제일'을 자랑스러워하며 안주할 수는 없습니다.

이제부터라도 우리의 현 위치와 실상은 어떠한지, 세계의 초일류 기업들은 어떤 전략과 기술을 가졌는지를 항상 비교하고 그것을 자극제로 삼아 잠시도 긴장을 늦추지 말아야 합니다. '안전하다고 생각되는 그 순간이 가장 위험하다'는 말처럼 메기의 자극은 꼭 필요하며, 각자의 마음속에 '메기'를 키우고, 특히 관리자가 스스로 좋은 의미의 메기가 될 때, 우리가 지향하는 진정한 자율경영을 이룰 것입니다."

(이건희 회장, 〈신경영어록〉 中에서)

메기론은 기업의 혁신과정에 그대로 적용된다

기업 혁신 프로그램에도 메기론은 그대로 적용된다. 기업 혁신 프로그램은 변화관리와 마인드 혁신 프로그램과 연계하여 경쟁을 유도하는 방식으로 전개된다. 하지만 기존의 조직 구성원들 사이에서는 경쟁의식을 유발하기는 어렵다. 대부분 조직에서는 미꾸라지만 있는 한쪽 논과 같이 연공서열, 정실인사 등으로 '상부상조'하는 습성이 있기 때문이다. 이럴 때는 논에 메기를 넣어 키우듯이 외부 유능한 인사 New Blood와 신입직원 Young Blood들을 채용하여 같이 근무하게 하는 방법을 쓰는 것이 효과적이다. 물론, 새로운 문화에 대한 혼란이 야기된다. 이를 중화하기 위해서 기존 직원 중에서 변화를 잘 받아들이는 직원을 선발하여 '우수인재양성' 프로그램을 실시한다.

그러면 변화를 거부하는 기존직원 집단, 변화를 수용한 기존직원 집단, 그리고 외부인사의 3자 경쟁구도가 자연스럽게 형성된다. 이 중에서 가장 약한 세력이 어느 한쪽으로 자연스럽게 흡수되어 안정적인 경쟁구도가 완성된다.

"다이아몬드는 영원하다 Diamonds are forever"로 유명한 드비어스 회사는 전세계 다이아몬드 시장의 80%를 점유하고 있다. 드비어스는 다이아몬드의 원석을 선별하고 발굴하는 데에도 전문적인 역량을 보유하고 있지만, 원석을 영원한 보석으로 만든 컷팅기술은 타의 추종을 불허한다.

스카우터들은 좋은 선수를 찾아 전국의 고등학교, 대학교를 누빈다. 물론, 요즘은 경기자료를 다양한 매체로 접할 수 있기 때문에 발로 뛰는 거리는 줄어들었을지 모르겠지만 스카우터는 발로 뛰며 좋은 선수들을 찾아 헤맨다. 이렇게 발굴해낸 원석 같은 신인이 훌륭한 선수로 성장하기 위해서는 드비어스가 잘 찾은 다이아몬드 원석을 영원한 보석으로 만드는 데 좋은 기술을 투자하듯이 구단의 체계적인 훈련 시스템이 뒷받침해주어야 한다.

기업 내에는 직원들의 교육을 담당하는 부서가 있다. 그 부서에서는 직무별 직급별 필수교육뿐 아니라 독서통신, 리더십, 코칭 등 다양한 온라인 강좌를 제공한다. 넘쳐나는 교육 프로그램 속에서도 늘 기업은 사람이 없다고 아우성인 것은 참 아이러니하다. 두산이 선수들을 키워내 화수분 야구를 만든 것과 SK의 플래툰 시스템을 통해 경쟁유발을 적절히 조합했던 것처럼 기업 현장에서도 사용한다면 성공적인 인재양성이 가능할 것이다.

우수 인재를 전략적으로 관리하라

기업이 30년을 넘기기 어렵다고 한다. 금융회사들만 보더라도, 과거 연봉을 많이 주는 잘 나가던 상당수 금융회사들이 다른 회사들에 흡수되거나 합병당하였다. 소위 SKY 출신들을 채용하고 일류 은행이라 과시하던 은행 중 지금 남아 있는 은행이 몇이나 되는가? 정부의 보호를 받거나 큰 부실이 없어 살아남은 은행들을 제외하고 지금 잘 나가는 은행들의 공통점은 바로 인력 관리에 탁월했다. 그들은 산업의 변화에 적응하지 못하고 기존 조직을 유지하려던 은행과는 달리 변화를 추진함에 있어 새로운 피New Blood를 많이 영입하였다. 삼성의 이건희 회장도 그의 '메기론'에서 주장했듯이 비슷한 사람들끼리 모여 있는 집단은 결코 경쟁에서 살아남을 수 없다는 마인드가 그들의 조직에 작용하였다. 많은 비용을 들여서 교육을 시키는 것보다 핵심 인력들을 외부에서 수혈하는 방식이 우수 인재를 전략적으로 육성할 수 있는 지름길이다.

공부 잘하는 아이들의 특성은 한두 가지로 압축된다고 한다. 경쟁의식 또는 성취동기가 있다는 것이 첫째이며 자기 주도적으로 학습한다는 점이 둘째다. 외부 인력 유입이 없는 조직에서는 경쟁보다는 정치가 발달하고, 성취동기보다는 패배주의가 만연하다. 새로운 피가 영입되면 그들과 정치적인 관계를 맺으려는 그룹과 경쟁적인 관계에 서려는 그룹으로 양분된다. 거기에 적절한 변화 관리 차원 교육 프로그램이 가해지면 조직의 역량은 업그레이드가 된다. 거기에다가 젊은 피Young Blood(신입직원)를 주기적으로 채용하여 새로운 방식으로 교육을 시키면 조직은 새로운 컬러를 갖게 된다.

한 사람이라도 자기를 좋아하는 팬이
남아 있을 때 은퇴한다.

유지현

8회초

부산갈매기를 부르면
비록 게임에 져도 행복하다

🥎 롯데는 자이언츠? 갈매기?

회사동료들과 야구 이야기를 나누다 보면 이런 질문을 꼭 받는다.
"올 시즌 어떻게 예상하시나요?"
그러면 필자의 대답은 항상 같다.
"올해는 우승합니다."
매년 봄이 오면 마른 가지에 어린 연두색 잎이 돋아나듯 "롯데가 지난 시즌은 비록 꼴찌로 마감했지만, 올 시즌은 반드시 돌풍을 일으킬 것이다."라는 믿음도 새록새록 피어난다. 그 어린 연두색 잎이 성인의 녹색으로 성장할 때쯤, 연패에 연패를 거듭하는 롯데를 보며 시즌 초반의 믿음은 이미 낙엽으로 변해 있을지라도 봄이면 늘 설렌다.

야구장에서 '부산갈매기'를 목놓아 부르고 나면, 오늘은 비록 졌지만 내일은 반드시 이길 것 같은 마음이 든다. 부산갈매기의 "빰~빰~빠~~~" 하는 노래 소리엔 마음을 움직이는 힘이 있다. 객관적으로 점수를 뒤집기 힘든 상황에서도 부산갈매기를 부르고 나면 갑자기 역전을 할 것 같은 마음까지 생긴다. 노래뿐만이 아니다. 사직구장 경기 도중에 갈매기가 날아든 날은 지지 않는다는 근거 없는 믿음까지 있다.

그런데 과거 롯데 자이언츠 엠블렘에 거인이 있었다는 것을 기억하는가? 팀 이름을 생각하면 엠블렘에 거인이 들어가는 것은 당연하다. 그런

과거 거인 캐릭터

현재의 엠블렘 (출처: 롯데 자이언츠 홈페이지)

데 어느 순간 롯데의 엠블렘에는 갈매기가 날고 있고 이 갈매기는 롯데를 상징하는 캐릭터가 되었다.

롯데팬들은 부산갈매기를 마치 애국가처럼 부르며 자신들을 갈매기라 부른다. 서울에 살면 '서울 갈매기', 수원에 살면 '수원 갈매기', 혹은 좋아하는 선수의 별명을 붙인 '허슬 갈매기'●까지 등장한다. 롯데 자이언츠를 신앙처럼 여기는 롯데팬에게 갈매기가 토템으로 간직되고 있는 셈이다.

하나의 브랜드를 기획하고 그것을 소비자의 가슴 속까지 심기 위해서는 엄청난 비용과 시간이 필요하다. BI$^{Brand\ Identity}$ 작업, 전사 마케팅 전략 수립, 비전관리 등의 프로그램과 함께 진행할 경우 2~3배의 비용은 감수해야 한다. 하지만 롯데 자이언츠의 경우엔 노래와 응원을 통해 이미 강력한 브랜드 이미지와 갈매기라는 BI까지 확립되었다. 이는 브랜딩에 관한 이상적인 마케팅의 사례이며 모든 마케터들이 따라야 할 본보기이다.

혹시 장난감에 영혼을 담는 '크래니엄^{Cranium}'이란 회사를 아는가? 이곳 역시 롯데 자이언츠만큼 열광적인 수백만 명의 고객을 팬으로 확보하고 있다. 크래니엄의 팬들은 '크래니악'이라고 하는데, 이들은 제품에 대한 아이디어를 적극적으로 제공하는 등 크래니엄 회사의 가치관을 함께 공유하고 있다. 크래니엄은 보드게임 회사이다. 하지만 그들은 스스로를 보

● 몸을 사리지 않고 최선을 다한다는 허슬 플레이의 대명사 최경환 선수를 응원하는 팬. 2008년 기아로 트레이드되었고 2009년 시즌을 끝으로 은퇴한 후 코치의 길을 걷고 있다.

드게임 회사라 하지 않고, '모든 사람이 빛나는 순간을 창조하는' 회사라고 생각한다. 대 자연을 마주했을 때의 평온함, 열정적으로 무엇을 이루어냈을 때의 충만함, 타인과 진실된 교감을 기념할 수 있는 게임을 만드는 것이다. 이런 회사라면 충성스러운 팬 집단인 크래니악이 자연스럽게 생길 수밖에 없지 않을까?

강력한 팬을 만드는 것

롯데 자이언츠는 2009년 자이언츠 박물관을 만들었다.

프로야구 원년부터 지금까지 롯데 자이언츠의 역사를 고스란히 담은 롯데 자이언츠 박물관에는 마스코트, 역대인형, 선수 유니폼, 사진, 야구공 등 롯데와 관련된 물품 400여 점이 전시되어 있다. 자이언츠의 영웅 코너에는 1984년 우승 주역이자 롯데를 대표하는 '슈퍼 에이스' 최동원, 100완투 74완투승의 '고독한 황태자' 윤학길, 롯데의 근성을 상징하고 부상에도 오뚝이처럼 일어난 '탱크' 박정태, 15년 동안 오직 롯데 유니폼을 입고 맹활약한 '호랑나비' 김응국 선수의 야구용품과 관련사진이 전시되어 있다. 또한 체험관에는 야구장을 축소시킨 배터박스, 덕아웃, 스탠드, 락커룸, 실내 불펜이 있어 롯데팬들이 실제 경기를 하는 야구선수의 마음을 경험할 수 있다.

낙후된 섬마을에 기적을 일으켜 고객들을 팬으로 만든 사례가 있다.

GIANTS MUSEUM

롯데 자이언츠 박물관의 로고

롯데 자이언츠 박물관(출처: 롯데 자이언츠 홈페이지)

베네세 하우스(출처: 일본 관광청)

이 중심에는 베네세그룹의 CEO 후쿠다케 소이치로가 있다. 그는 1986년 베네세그룹에 취임하게 되는데 그 당시에 '저출산 고령화'에 대비하지 않으면 어떤 기업도 살아남을 수 없다고 생각했다. 그래서 기존 청소년 교육출판 중심의 사업에서 방향을 바꿔 한 사람의 전 생애를 포괄하는 교육 복지사업으로 영역을 확장하였다. 태어나기 전 엄마 뱃속에서는 베네세의 임부용 서비스를 받고, 학창시절에는 베네세의 교재와 참고서로 공부를 한다. 베네세의 취업정보를 참고로 하여 사회진출을 하고, 세상을 떠날 때도 베네세의 노인복지서비스를 받게 한다는 비전을 수립하였다.

CEO 후쿠다케 소이치로는 자신의 비전을 달성하기 위해서는 고객을 팬으로 만들어야 한다고 생각했다. 그러기 위해서는 제품과 서비스를 뛰어넘어 고객에게 최고의 만족을 주는 기업이 되어야 하며, 문화예술 후원활동을 통한 사회공헌활동이 필수적이라고 생각했다. 그렇게 하여 그는 '나오시마 프로젝트'를 시작하였다.

나오시마는 인구 3,600명의 버려진 작은 섬이었다. 그나마 있던 젊은 사람들은 모두 떠나고 노인들만 남아 있는 섬에 불과했다. 후쿠다케는 나오시마의 절반을 1987년 10억 엔에 매입하고 세계적인 건축가 안도 타다오와 협력하여 1992년 베네세 하우스를 오픈했다. 또한 유명 예술작품을 전시한 시사이드 파크도 설립하는 등 버려진 나오시마를 예술의 섬으로 변화시키기 위해 노력했다.

하지만 나오시마 프로젝트의 초반에는 지역주민의 반응이 좋지 않았다. 후쿠다케는 자신들이 예술을 통해 지역사회에 공헌하면 팬층이 생길 것이라고 예상했지만 결과는 달랐다. 그 이유를 분석해보니, 나오시마의 한정된 장소에서만 예술작품이 전시되어서 관광객은 그 주변만 보고 떠나다 보니 지역주민의 삶에 도움이 되지 않았다.

그리하여 1997년 아트하우스 프로젝트를 시작했다. 동네의 버려진 집을 예술작품으로 승화시키고 'I♥湯(아이러브유) 프로젝트'로 버려진 목욕탕을 재탄생시키기도 했다. 이 과정을 통해 주민들도 점점 나오시마 프로젝트에 참여하게 되었다.

이런 과정을 통해 나오시마는 콩드 나스트 트레블러conde nast traveler에서 선정한 '죽기 전에 가보고 싶은 7대 명소'에 이름을 올리며, 매년 30만 명의 관광객이 몰리는 국제적인 명소로 떠올랐다. 지역주민의 1인당 평균

❶ 아트하우스 프로젝트. 하이샤(치과의사라는 뜻)는 이 지역의 치과의사의 집이자 병원이었지만 신로 오타케가 '꿈꾸는 혀'라는 작품으로 바꾸었다. 이것은 사람의 입안에 음식이 들어오면 음식의 맛과 향에서 마음에 꿈을 불러일으킨다는 모티브를 가지고 있다.(출처: www.benesse-artsite.jp)
❷ I♥湯(아이러브유) 프로젝트. 신로 오다케가 버려진 목욕탕을 다시 만들었다. 이 목욕탕에서는 실제로 관광객이 목욕을 할 수 있다. 창의적인 디자인과 욕조, 화장실 모티브 등이 벽에 모자이크 형식으로 장식되어 있다.(출처: www.benesse-artsite.jp)

소득도 현내 지자체 중 1위를 기록한 것은 당연한 결과였다. 건물 전체를 땅속에 조성하여 친환경적인 지중 미술관 등 나오시마 프로젝트는 지금도 진행 중이다. 나오시마 프로젝트를 통해 베네세그룹은 존경받고 사랑받는 기업으로 거듭났으며, 2008년과 2009년 2년 연속 7%의 매출성장률을 보였다.

베네세그룹은 경영에서도 예술의 중요성을 늘 강조한다. 그래서 임원 면접은 나오시마의 예술작품을 보면서 실시한다.

"예술을 모르는 인재는 성과가 1위라고 해도 필요 없다. 21세기엔 좋은 기업, 매력적인 기업만 살아남는다. 이러한 기업을 만드는 것은 결국 미술, 나아가 예술을 즐길 줄 아는 창의적이고 여유로운 인재다."

(베네세그룹 CEO 후쿠다케 소이치로)

다채롭고 자유로운 컬러로 대변되는 베네통은 이미지 전략의 시조를 열었다. 베네통은 센세이셔널하고 독특한 광고로 브랜드 이미지를 만들어갔다. 하지만 그 센세이션의 기저에는 인류의 보편적 가치와 사회참여를 담고 있다. 베네통 광고에는 백인과 흑인, 황인 등 모든 인종이 등장하는 것이 일반적이다. 다양한 컬러감과 함께 다양한 사람의 색깔은 그 자체로도 예술적이며 인종차별 반대에 대한 메시지를 던지고 있다. 이런 베네통은 그들만의 고정적인 팬들을 만들고 있다.

고객을 팬으로 만드는 것은 쉽지 않다. 어쩌면 적으로 돌리지 않는 편이 훨씬 현실적인 전략인지도 모른다. 만약 고객을 팬으로 만들고 싶다면 부산갈매기의 노래와 나오시마 프로젝트의 설치미술작품, 베네통의 메시지가 말해주듯 예술적 의미를 가미해보자.

마케팅의 궁극은 브랜딩이다

브랜딩이란 A=B라는 공식을 만드는 작업이라 보면 된다. 또한 브랜딩은 명사가 아닌 동명사임을 주목해야 한다. 다시 말해 소비자의 머릿속에 한 단어를 심는 행위다.

『마케팅 불변의 법칙』에서는 세 가지 법칙을 말하고 있다.
첫째, 선도자의 법칙
둘째, 최초 영역의 법칙
셋째, 기억의 법칙

"더 좋은 것보다는 맨 처음이 낫고, 어느 영역에 최초로 들어간 사람이 될 수 없다면 최초로 뛰어들 새로운 영역을 개척해야 하며, 시장에 맨 먼저 들어가는 것보다 기억 속에 맨 먼저 들어가는 것이 더 중요하다."

증권회사의 사례를 한번 보자. 2000년대 IT 버블이 꺼지면서 증권사의 수익 구조는 악화되어 갔으며 어디 증권사를 가나 비슷한 서비스를 갖고 기껏해야 수수료 깎아주기 경쟁을 하고 있었다. 당일 수십 번의 매매와 투기적인 선물옵션 거래가 유행하던 시절에 매매 시스템의 속도 경쟁력에서는 단연 대신증권이 1위였다. 당시 많은 증권사 직원들이 대신증권의 시스템 사용을 병행하였다. 그러다 새롭게 나타난 키움증권은 '점포가 없는 온라인 증권사'로 브랜딩하였다. 이 키움증권은 지금까지도 주식 브로커리지 시장 최고의 점유율을 보이고 있다.

투자 시장의 변화에 따라 펀드를 통한 간접 투자 바람을 가장 먼저 일으킨 미래에셋증권도 '펀드=미래'라는 공식을 만드는 데 성공했다. 또 금융산업의 컨버전스 양상 전개에 따라 요구불 예금의 성격을 가진 CMA 시장이 커지는 시점에 '원금 보장 CMA'라는 알고 보면 매우 보편적인 상품으로 회사의 브랜드를 바꿀 수 있었던 동양종금증권도 브랜딩에 성공한 사례이다.

'아주라'로 키워가는 다음 세대 롯데팬

 "마"는 임팩트가 있다

　부산 사투리를 모르는 사람과 같이 야구를 보면 꼭 듣는 두 가지 질문이 있다. 그 중 첫 번째는 상대편 투수가 견제구를 던질 때 관중석에서 터져 나오는 "마!"다. 수만 명의 사람이 한꺼번에 "마"라고 소리치면 도대체 뭐라고 하는지 알아듣기 어렵다. 그리고 마치 돌림노래를 하듯 곳곳에서 "마"라고 외치는 탓에 모르는 사람이 듣기엔 "마마마마마~~"의 메아리처럼 들려 그 의미를 알기 거의 불가능하다. '마'는 부산 사투리로 '임마'의 줄임말이다. 굳이 비슷한 말을 찾는다면 '이놈아'를 꼽을 수 있겠다.

주자가 1루로 진루를 하게 되면 투수로서는 주자를 신경 쓸 수밖에 없다. 발빠른 주자의 도루성공률은 80%*에 가까운 반면, 포수의 도루 저지율은 50%**도 되지 않기 때문에 투수의 부담감은 한층 더해진다. 투수로서 스코어링 포지션에 주자를 보내는 일은 무엇보다 싫은 일이다. 이런 마음을 대변하듯, 투수는 1루 주자의 리드폭을 줄이기 위해서 견제구를 던지게 되는데, 이때를 놓칠세라 롯데팬들은 견제구를 던지는 투수에게 야유를 퍼붓는 것이다. 그것이 "마"의 함성이다. 화살처럼 쏟아지는 수만 명의 "마!" 소리는 상대 투수의 긴장감을 배가시키며 실투를 유발할 확률을 높인다. 그래서 지금은 타 구단에서도 상대 투수의 견제구가 나올 때, LG는 "앞으로 던져라", 기아는 "날 샌다", 삼성은 "고마해라" 등 응원을 하지만 "마"만큼 임팩트 있는 응원은 없다. "Simple is best"라는 말처럼 단순한 것이 최고다.

●
2007년 도루 1위 : 이대형(LG), 도루 53개, 도루성공률 72.6%
2008년 도루 1위 : 이대형(LG), 도루 63개, 도루성공률 80.8%
2009년 도루 1위 : 이대형(LG), 도루 64개, 도루성공률 78.1%
2010년 도루 1위 : 이대형(LG), 도루 66개, 도루성공률 75.9%
(2010년 도루 65개, 1개 차이의 안타까운 2위 조성환의 성공률은 77.4%)
●●
2007년 도루저지율 1위 : 신경현(한화), 37.4%
2008년 1위 : 박경완(SK), 42.3%
2009년 1위 : 박경완(SK), 35.2%
2010년 1위 : 박경완(SK), 34.4%
(강민호의 도루 저지율은 최근 4년 평균 28.4%이다.)

'아주라'는 파울볼을 '아(아이)에게 주라(주어라)'는 뜻이다

　롯데 야구에서 일반인이 알기 어려운 응원 중 나머지 한 가지는 '아주라'다. 그리고 TV중계를 보다보면 가끔 '아주라'를 유니폼에 새기고 다니는 사람들을 비춰주기도 한다. 그럴 때면 어김없이 "아주라가 무슨 말이니?"라고 질문이 들어온다.

　파울볼을 잡는 것은 생각만큼 쉽지 않다. "내가 좋아하는 여자들은 꼭 내 친구 여자친구이거나 우리형 애인, 형 친구 애인 아니면 꼭 동성동본"이라는 DJ DOC의 '머피의 법칙' 가사처럼 파울볼은 늘 내가 앉은 자리를 비켜간다. 아주 가끔 내가 앉은 자리와 비슷한 방향으로 날아온다 싶더라도 한두 블록 멀리 떨어지는 것이 예삿일이다. 만에 하나 내가 앉은 자리로 파울볼이 날아왔다 할지라도 볼을 향해 손을 뻗는 순간, 누군가 휙 낚아채 가버릴 수도 있다.

　이렇게 잡기 힘든 파울볼이건만, 사직이든 잠실이든 경기장을 막론하고 롯데응원석에 앉아 있다면, 파울볼에는 미련을 두지 않는 것이 좋다. 파울볼을 잡기가 무색하게 견제구를 던진 상대 투수에게 쏟아지는 "마"의 화살처럼 "아주라"라는 롯데팬들의 성원이 쏟아지기 때문에 이를 견디는 것은 쉽지 않다. 그리고 요즘은 아빠들이 어린 자녀를 어깨에 태우고 파울볼을 잡은 사람의 주변으로 달려간다. 그리고 어린이가 손을 벌리는 모습을 보면 공을 줄 수밖에 없다. 정말 잡기 힘든 파울볼이건만 파울볼을 잡은 찰나의 순간만 즐겨야 하는 슬픈 현실이지만, '아주라'로 공을 받은 어린이는 그 순간부터 평생 롯데팬이 되는 것이다.

롯데팬들이 광적인 이유는 어렸을 때부터 '야구=롯데'라는 공식과 함께 자라기 때문이다. 야구가 뭔지도 모르던 시절부터 부모님 손에 이끌려 야구장 공기를 맡게 되었고, 자연스럽게 야구를 배우게 되고, 어른이 되어서 롯데팬이 된다. 연애시절엔 여자친구 또는 남자친구를 롯데팬으로 먼저 만들고, 결혼을 해서 아기를 낳으면 롯데 자이언츠 유아용 유니폼부터 산다. 이렇게 롯데팬은 세습된다. 어렸을 때부터 롯데와 함께 자라왔기 때문에, 롯데팬들은 롯데의 성적에 관계없이 무조건적인 사랑을 보낼 수 있는 것이다. 어떤 기업이든 롯데팬과 같은 고객층을 확보하고 있다면, 세계적인 기업으로 성장하는 일은 어렵지 않다.

미래의 고객층을 확보하라

그래서 많은 기업들이 어린이 고객에 주목하고 있다. 특히, 금융회사에서 어린이 전용 상품을 전략적으로 출시하고 있는 것도 미래의 고객을 확보하기 위한 전략이 숨어 있다. 사실 '어린이 펀드'나 '어린이 통장'은 일반적인 펀드나 통장과 별 다를 것이 없는 상품이다. 하지만 부모들은 자녀 앞으로 들어둔 적금이나 펀드는 쉽게 해지하지 않을뿐더러, 기본 10년 이상 장기간 들어두는 것이 보통이다. 기업으로서는 어린이 시장이 아니고는 이만한 충성고객을 확보하기 쉽지 않다.

　미국 서부 오리건주의 움프쿠아 은행은 어린이 고객에 집중하고 있다. 학교와 제휴를 하여 어린이 명의로 입출금 통장을 만들어주고, 학교에서 직접 입금이 가능하도록 on-campus 뱅킹을 지원한다. 미국에서는 보통 입출금계좌에도 수수료를 지불해야 하기 때문에 최소 금액을 유지해야 하지만 어린이 통장에는 수수료도 받지 않을뿐더러, 어린이가 1달러를 입금하면 은행에서도 1달러를 입금해준다.

움프쿠아 은행에서 어린이를 대상으로 한 마케팅 Learn to earn(출처: umpquabank.com)

　단순히 손익을 따지면 on-campus 뱅킹은 상당한 마이너스다. 다른 일반 입출금 통장이었다면 벌어들일 수 있던 수수료 수익도 없고 어린이 1명당 1달러를 입금해야 하기 때문이다. 게다가 매주 1회씩 직원이 학교를 찾아가서 어린이들이 저금한 금액을 처리해주어야 하는 계산되지 않은 업무 수수료까지 발생한다. 하지만 이들이 어린이 시장에 주목하는 이유는 단순하다. 자녀들이 집에 가서 움프쿠아 은행에서 계좌를 만들고 저금을 하는 이야기를 부모에게 하게 될 것이고, 부모는 움프쿠아 은행에 대한 좋은 이미지를 가지게 될 것이라는 점이다.

움프쿠아 은행은 on-campus 뱅킹으로 어린이들에게 은행의 시스템을 알려줄 뿐 아니라, 각종 금융교육도 제공하여 어린이들의 마음속에 깊게 자신의 브랜드를 각인시킨다. 또한, 자녀경제교육에 관심이 많은 부모들을 위해 블로그 운영도 하고 있다. 움프쿠아 은행이 어린이 계좌에 입금하는 1달러는 '아주라'의 파울볼인 셈이다.

비슷한 예로 '키자니아kidzania'의 직업체험을 들 수 있다. 키자니아는 어린이들의 세계를 만들어두고 직업체험을 해볼 수 있도록 만든 공간이다. 이곳에서 어린이들은 소방대원, 의사, 간호사, 항공승무원 등 다양한 직업을 체험하게 된다. 일을 하면 돈도 받고, 그 돈으로 저금을 하거나 백화점에서 소비한다. 키자니아는 '키조'라는 가상통화가 통용되며 신용카드도 발급받고 저금도 하는 등 금융활동도 실제와 거의 비슷하게 이루어진다. 키자니아는 어린이라서 못하는 여러 가지 활동을 실제로 할 수 있으므로 '무엇이든 할 수 있는 공간'이라는 이미지를 만들어냈다. 또한, 단순한 모형이 아니라 어린이용이지만 진짜와 같은 리얼리티를 구현해냈다는 점도 어린이들의 욕망을 자극하였다. 이곳을 방문하여 열광하는 아이들 덕분에 키자니아는 엄청난 성공을 거두고 있다.

한국야구의 기록제조기, 야구의 신이라 불리는 양준혁 선수가 2010년 은퇴식을 했다. 양준혁 선수는 앞으로 '유소년 야구'에 관심이 많다고 했고, 시작은 '대구'에서 하고 싶다고 했다. 양준혁이 대구에 '유소년 야구교실'을 만들었다고 상상해보자. 이 야구교실을 다닌 아이들은 자연스럽게 삼성 라이온즈의 팬으로 자라나게 될 가능성이 크다.

어린이의 부모를 고객으로 삼자

앞서 예를 들었던 움프쿠아 은행에서 2007년에 아주 재밌는 프로젝트를 하였다. '레모네이어Lemonaire'인데, 이것은 어린이들에게 레모네이드 사업을 할 수 있는 패키지를 무료로 배포한 것이었다. 이 패키지 안에는 레모네이드 만드는 법과 움프쿠아 은행 로고가 새겨진 종이컵, 식탁보, 레모네이드 사업 가이드북 그리고 창업자금 10달러가 들어 있었다.

처음 이 캠페인은 어린이들에게 창업 마인드를 심어주기 위한 목적으로 시작한 게 아니었다. 움프쿠아 은행은 소호SOHO 고객들을 끌어들이기 위해 이 캠페인을 시작했다. 당시 시장조사를 해보니, 그들이 타깃으로 하는 고객들이 소형점포를 운영하고 있었고 80% 이상이 자녀가 있다는 사실에 주목하여 어린이와 비즈니스를 접목시켜 캠페인을 진행한 것이다. 어린이의 비즈니스 감각을 키워준다는 명목으로 시작했던 레모네이어 캠페인은 소호 고객들을 끌어들이는 데에도 성공하여 두 마리 토끼를 다 잡았다.

고객 데이터를 분석하다 보면, 고객별 수익성에 주목하게 된다. 대부분 수익성이 있는 고객들은 40대 이상으로 사회적으로, 개인적으로 안정적인 고객층이다. 하지만 40대 이상 고객의 지갑을 열 수 있는 사람은 그

● lemonade(레모네이드)와 millionaire(백만장자)의 합성어. 미국 어린이들에게 집에서 만든 레모네이드를 싼값에 파는 '레모네이드 스탠드'가 익숙한 문화적인 특징을 잘 살린 캠페인이다.

❶❷ 레모네이드 스탠드 ❸ 레모네이어

들의 자녀다. 당장 수익을 창출하는 고객에 집중을 하는 것이 나쁜 전략은 아니다. 기업의 주요 자원은 당연히 수익성이 높은 고객을 위해 써야 한다. 하지만 장기적으로는 고객수익성의 미래가치를 고려해야 하지 않을까?

증권회사 애널리스트들도 기업을 분석할 때는 해당 기업이 미래에 창출할 이익을 현재 가치화한 값으로 평가를 한다. 고객의 수익성 분석에 미래가치를 고려해보자. 그러면 어린이고객층이 대단한 고객군으로 보일 것이다. 데이터 분석, 현재가치, LTV● 등 용어만 들어도 복잡해진다

● Life Time Value의 약자. 고객의 생애가치

면, 당장 롯데 경기를 보러가라. '아주라'를 외치는 관객과 파울볼을 얻은 어린이의 표정을 보고 나면 어린이 고객층을 어떻게 공략해야 하는지 어떤 데이터보다 쉽게 와닿을 수 있다.

어린이 고객을 잡아라

경제의 원리 중 하나는 '희소성의 법칙'이다. 지금 모든 시장에서 경쟁이 격화되고 소위 마케팅 전쟁이 필요한 이유가 바로 이 때문이다.

요즘은 공급 과잉의 시대다. 삶을 유지하는 데 필수적인 물건들은 넘쳐난다. 희소성은 '더 좋은 것', '더 재미있는 것', '더 의미 있는 것'에 있다. 하지만 공급과잉 시대와 희소성 법칙에 무관한 것이 있다. 과거에는 많았지만 지금은 적고 숫자에 비해서 늘 귀한 것, 바로 '어린이'다. 현재 평균 1.5명의 자녀를 가지고 있고, 저출산의 영향으로 아이들의 수는 더 줄어드는 추세이다. 그럼에도 부모의 자식 사랑은 예나 지금이나 본능적인 것이므로 별 차이가 없다. 그렇기 때문에 우리는 어린이에 주목해야 한다. 마케팅 차원에서 표현하면 과거 대비 지금 어린이의 객단가가 매우 높아졌다. 더욱이 소득 수준이 높아진 지금 어린이 고객군은 매우 중요한 시장이다.

20세기 인류에 가장 큰 영향력을 끼친 학자로 자본론의 마르크스와 심리학자 프로이트를 꼽는다. 전자는 우리 입에 관련된 고민을 하여 전 세계를 양분시키는 데 공헌하였고, 후자는 먹고 사는 이외의 것에 대한 해석을 내려주었다. 유년과 소년 시절을 지나 청년 시절에 갖게 되는 그 강렬한 성에 대한 욕구性慾가 결혼을 한 이후에는 그 2세에게 전이되는 게 바로 사람의 본성이다. 그리고 일단 먹고 사는 문제가 해결된 사회에서 한 인간의 가장 강한 욕구가 작용하는 시장이 바로 어린이 시장이다. 베이비부머 세대가 Cash Cow 역할을 한다면 지금 어린이 세대는 차세대 성장동력이 될 것이다.

비난은 잠시뿐, 기록은 영원하다.

김영덕

선수들의 불안은
즉시 성적으로 이어진다

🎾 돌아오지 않는 2루 주자

야구는 '9회말 2아웃부터'라는 말이 있기는 하지만, 사실 9회가 되면 어느 정도 승부가 났다고 해도 과언은 아니다. 하지만 1990년대로 시계를

2010년 총 133게임 중 9회초에 리드를 하고 있었던 경기는 총 60게임이고, 리드를 당하고 있던 게임은 총 55게임이다. 9회초 리드상황에서 승률은 96.7%였고, 리드를 당하고 있을 때 승률은 3.6%였다. 롯데가 7위를 했던 2007년에도 9회초 리드상황에서의 승률은 100%, 리드당하고 있을 때 승률은 3.2%였다.
2010년과 2007년 롯데의 성적은 4위와 7위로 극명히 다르지만, 승률이 비슷하다는 점은 롯데가 9회말 2아웃에서 역전하는 것은 말 그대로 '역전의 드라마'이지, 현실에서 자주 일어나는 일은 아니라는 점을 데이터로 보여준다.

돌려보면 '야구는 9회초 1사부터'라는 말을 믿게 될 것이다.

　1999년 롯데와 삼성의 플레이오프는 한국프로야구 역사상 손꼽히는 명승부였다. 그 중 최고는 단연 7차전 승부였다. 매년 포스트시즌 문턱에서 좌절의 아픔을 겪어야 했던 삼성은 우승에 대한 열망이 어느 팀보다 강했다. 두 팀의 우승을 향한 집념의 승부를 가리는 마지막 7차전, 초반 승부는 삼성의 페이스였다. 이승엽과 김기태의 솔로홈런으로 2:0으로 앞서 나갔다. 6회초, 호세의 솔로홈런으로 2:1로 따라붙은 순간, 3루를 돌아 홈으로 들어오던 호세를 향해 관중에서 음식물이 날아들었고 사타구니를 강타했다. 이에 격분한 호세는 관중을 향해 야구 배트를 던졌고, 결국 퇴장당했다. 이에 분개한 롯데선수들은 짐을 싸서 경기장을 나섰고 경기는

1999년 7차전 역전 승리를 한 후 환호하는 롯데 선수들(출처: 롯데 자이언츠 홈페이지)

30여 분간 중단되었다. 박정태는 "오늘은 무조건 이겨야 한다."라고 했고, 마해영은 솔로홈런으로 동점을 만들었다. 6회초 롯데는 3:2로 역전에 성공한다. 하지만 경기는 다시 삼성이 이승엽의 솔로홈런을 포함해 5:3으로 역전했고, 롯데의 마지막 공격 9회초가 시작되었다.

퇴장당한 호세의 타석에 들어선 대타 임수혁. 그는 당시 한국 최고의 마무리 임창용을 상대로 동점 투런을 만들었다. 그리고 그날, 롯데는 연장 11회 접전 끝에 김민재의 안타로 6:5로 승리하며 한국시리즈에 진출했다.

플레이오프에서 정신력을 너무 소진한 탓인지 한국시리즈에서는 한화의 일방적인 승리로 우승을 내줬지만, 누가 뭐라 해도 1999년의 진정한 우승팀은 롯데였다. 이날의 대단한 역전승의 발판을 마련한 임수혁은 2000년 4월 18일, 잠실 LG전에서 갑자기 쓰러진 후, 10년의 투병생활 끝에 2010년 2월 7일 병원에서 목숨을 거뒀다.

일하기 좋은 기업이 성과가 높다

구단이 가장 신경 써야 할 일은 선수들이 자유롭게 야구에만 집중할 수 있도록 최선의 인프라를 마련해주는 것이다. 임수혁이 쓰러진 이후, 많은 야구선수들은 '남의 일이 아니다'라고 느꼈다. 선수 입장에서 '나에게도 저런 일이 생기지 말란 보장이 어디 있단 말이냐'라는 불안감이 생기면 야구에 집중할 수 없다. 이는 팀의 성적과 구단의 수익이 동시에 하향 곡선을 그리게 되는 결과를 초래한다. 외국인 용병 선수가 한국에 오면, 구단에서는 구장 가까이에 거처를 마련해주고 의사소통에 무리가 없도록 통역을 붙여준다. 그래야 용병 선수가 야구에 집중할 수 있고, 용병다운 면모를 보여줄 수 있기 때문이다.

기업에서도 예외는 아니다. 직원들이 업무에만 집중할 수 있도록 해야 한다. 한참 업무에 집중하고 있는데 PC가 갑자기 꺼지면서 지금까지 작업했던 것이 다 없어졌다거나, 급한 자료를 전송해야 하는데 팩스가 안 된다든가 하는 문제까지 직원들이 신경 쓰는 순간, 회사의 생산성은 감소한다.

Good Work Place(일하기 좋은 기업: 약칭 GWP) 선정 프로그램이라는 것이 있다. GWP의 창시자 로버트 레버링 Robert Levering은 1998년부터 이 프로그램을 통해 매년 「포춘」지와 함께 '미국에서 일하기 좋은 100대 기업'을 선정한다. 짐작 가능하겠지만 일하기 좋은 기업은 성과면에서도 높은 실적을 달성한다고 한다. 로버트 레버링은 3년간 다양한 산업에 근무하는 사람들을 인터뷰하고 연구한 끝에 『The 100 Best Companies to Work for America』라는 책을 발간했다. 이 책은 베스트셀러가 되었고 이후 '훌륭한 일터의 모델'을 개발한 것에서 GWP가 유래되었다. 우리나라에서도 이 프로그램을 도입하여 포춘 코리아 등에서 진행하고 있다.

일하기 좋은 기업은 재밌다

　2011년 초 세계 85개국 1만 5천여 명의 직장인들을 상대로 실시한 어느 조사단체의 보고에 따르면 세계 직장인들이 꼽는 이직 사유 1위는 '더 많은 승진 기회를 찾기 위해서'였다. 업무 성과에 비해 부족한 승진 기회가 가장 큰 불만으로 작용했던 것이다. 경영진의 지나친 관여와 소통 부족, 회사의 비전 결여, 과도한 업무에 따른 스트레스, 다른 직원들의 역량에 대한 신뢰 부족과 무례한 직장 동료 등이 그 뒤를 이었다. 또한 "회사가 어떤 점을 개선하면 직장에 남을 것인가?"라는 질문에 49%가 '임금 인상'이라고 대답했다. 이어 의료 보험비 지원(32%), 업무시간 탄력 운용(29%) 등의 순이었다. 우리나라 기업의 경우 상사와의 갈등이나 동료들 간의 부조화 등이 상당수를 차지한다고 한다. 이를 종합해보면 조직에서의 인정, 인적 스트레스 해소 및 복지 프로그램 등이 한 조직원의 행복지수를 높인다는 것을 알 수 있다.

　그렇다면 일하기 좋은 기업은 어떤 기업일까? 흔히 일하기 좋은 기업을 평가할 때 GWP를 따진다. GWP의 핵심 조건은 재미, 신뢰, 존경, 자부심, 동료애 등 5가지다. 이 조건으로 대표적인 기업의 순위를 정하기도 한다. 조직이 위대해질수록 경영진과 직원들 사이에 경계는 희미해진다. 직장은 하나의 공동체가 되어 직원들은 그들의 일과 팀 그리고 회사에 대해 자부심을 갖게 된다. 그리고 일 속에서 기쁨을 찾게 되어 자신의 커리어를 위해 회사에 오래 머물기를 원하게 된다. 상사와 경영진에 대한 신뢰, 업무와 조직에 대한 강한 자부심, 동료 간에 일하는 재미가 높아 열정을 다해 일하는 일터, 즉 GWP는 이처럼 좋은 일터를 선정하는 기업 평가의 도구라고 보면 된다.

페어몬트 호텔은 5천 달러로 직원의 소원을 들어주는 독특한 인센티브 프로그램을 운영 중이다. 집 부엌을 개조한다거나 가족들과의 유럽여행을 가는 등 직원의 소원을 들어주는 프로그램이다. 이런 리프레시 프로그램을 경험한 종업원들은 고객에게 업그레이드된 서비스를 제공하는 것은 당연했다. 「포춘」지 선정 '일하기 가장 좋은 기업'에 8년 연속으로 이름을 올린 웨그만은 슈퍼마켓 체인이다. 보통 슈퍼마켓에서 일하는 것은 노동 시간이 길고 상대적으로 급여가 낮은 곳이다. 그래서 1년 이직률이 100%에 달할 정도로 근무환경이 열악한 곳이 대부분이다. 하지만 웨그만의 직원들은 이직률이 현저하게 낮으면서도 웨그만에 다니는 것을 자랑스럽게 여긴다. 이곳이 일하기 좋은 직장으로 된 까닭은 단순하다. "Employees first, customers second"라는 정책으로 직원이 행복할 때 고객도 행복할 수 있다는 단순한 원리를 실천하였다. 시간당 임금이 업계 최고이며 장학금 투자, 다양한 연수 기회를 제공하는 등 우수한 인사 정책이 있으며, 상명하달식의 조직구조가 아니라 상사는 부하직원의 조력자라는 문화를 조성하였다.

재미, 신뢰 그리고 자부심을 갖고 일하는 일터가 많아지기를 기대하고 프로야구단도 이런 기준에 부합하는 팀이 향후 명문 구단으로 자리 잡을 수 있을 것으로 본다.

과거 모 야구단이 감독을 비롯한 코칭 스텝 그리고 선수들과의 불화로 구단에 불협화음이 생긴 적이 있었다. 야구도 사람이 하는 일이라 인사人事가 만사萬事라 할 수 있다. 팀을 이끌어가는 선수들이 조직 내에서의 만족도가 높아져야 좋은 성적도 낼 수 있다. 좋은 성적은 관중을 끌어모으고, 관중(고객)들은 재미와 의미를 찾고자 야구장을 더욱 더 많이 찾게 된다. 이것이 일하기 좋은 기업이 재밌는 이유다.

일하기 좋은 기업을 만들라

Good Work Place! 말처럼 직장이 일하기 좋을 수가 없다. 상사가 있고, 부하직원이 있으며, 여러 사람의 이해관계가 얽혀 있는 곳이 직장이다. 특히 고객을 대응해야 하는 일 중에서도 까다로운 고객을 상대하는 일은 늘 좋을 수만은 없다. 그래서 이런 프로그램이 있고, 일하기 좋은 기업이라 하여 100대 기업을 선정하는 게 아닐까?

그렇다면 이 '일하기 좋은 기업'을 선정하는 기준은 무엇일까? 키워드를 보면 신뢰, 존경, 공정성, 자부심, 동료애 등이 있다. 이것은 「포춘」지가 선정하는 기준이다. 반면 「사이언티스트」지에서 선정하는 기준은 직무 만족도, 복리후생, 교육훈련, 근무 충실도, 지성 및 경력 개발 가능성, 가족 친화적 근무 환경, 탈 권위성, 직업의 안정, 성장 전망 등이다.

요즘처럼 취업하기 힘들고 조기 은퇴가 대세이며, 사내 경쟁이 치열한 때 이런 직장 아니더라도 좋을 수 있겠지만 기업을 운영하는 사람이나 종업원이라면 이러한 기준에 대해 과연 우리 기업은 어떤지 생각해볼 필요가 있다. 무리한 업무 Hard Work 는 결코 미래 성장의 열쇠가 될 수 없으며, 오히려 직원을 소진시키고 건강을 위협한다. 또한 몰입을 분산시켜 실수를 유발하게 할 것이며 다른 직원들은 이에 동조될 것이다.

일하기 좋은 기업의 단골 기업인 미국의 SAS 연구소의 CEO는 "행복한 젖소가 우유도 더 많이 생산한다"는 소박한 믿음을 가지고 있다. 또 "가장 소중한 자산은 직원이다. 내가 할 일은 매일 회사를 떠나 퇴근하는 직원이 다음 날 아침 다시 회사로 돌아오도록 근무환경을 만들어 주는 것"이라 말한다. 그가 이토록 직원 복지에 집중하는 이유는 짧은 근무 시간 동안 모든 것을 몰입하여 쏟아내게 하기 위해서다.

회사에 만족하는 직원만이 최고의 성과를 낸다는 믿음은 21세기 감성 경영의 핵심이다.

9회말

한 번 만들어진
선수들의 이미지

🏐 **임경완이 임작가로 주홍글씨를 달던 그날**

    2008년 5월 6일은 롯데와 한화의 사직경기가 있는 날이었다. 양팀 선발은 류현진과 장원준으로 각 팀의 대표 에이스 투수이자 좌완투수의 맞대결답게 경기는 1점차로 리드를 주고받으며 엎치락뒤치락 하는 형국이었다. 7회말 2:2 동점 상황에서 1점차로 역전에 성공한 롯데는 8회초에 선발 장원준을 교체하여 강영식, 배장호를, 9회초에는 임경완을 기용하는 전형적인 선발·중간계투·마무리의 투수운영을 했다. 1점차 리드상황에서 마운드에 오른 임경완은 한화의 선발타자 김태완을 볼넷으로 보내는 불안함을 가지고 출발을 했다. 다음 타자 김민재의 타격이 투수 쪽으로 스치며 발을 맞고 굴절되었다. 재빠르게 공을 주워서 1루로 던진다는 것이 악송구가 되어, 1루에 있던 추승우*는 그 틈을 타 홈으로 질주하고 승부는 다시 3:3 원점으로 돌아갔다. 장원준의 선발승을 허무하게 날려버린 악송구이자 그날 게임을 지게 한 뼈아픈 실책이었다. 이날 이후 로이스터 감독은 당분간 임경완을 마무리로 쓰지 않았으며, 이후 임경완은 마무리투수로서 승리를 이끄는 것이 아니라 드라마틱한 패배를 만들어내서 '임작가'라는 별명이 붙여졌다. 임경완 선수에게는 기분좋은 별명일 리 없다.

    2010년 6월 15일은 사직경기장에서 삼성과 롯데의 경기가 펼쳐지던 날이었다. 2010년 시즌은 4위권 싸움이 치열하게 진행되었고, 5위 롯데와 3위 삼성이 반 게임밖에 차이가 나지 않는 상황이어서 양팀 모두에게 중요한 게임이었다. 8회 초 5:2로 리드하던 상황에서 삼성은 1사 1, 3루의 찬스를 만들었다. 이때 로이스터 감독은 강영식 대신 임경완으로 투수교체를 했다. 8회초 2점을 내주고 9회초 다시 임경완이 등판하였다. 그리고 무사 1, 2루에서 조동찬의 번트타구를 3루에 송구하면서 또 다시 악송구가 나왔다. 2년 전 임경완의 악송구가 오버랩되는 순간이었다.

    아슬아슬한 리드상황에서 로이스터 감독이 마운드로 걸어 올라오면 '오늘도 작가님이 나오시는 것 아닐까?' 하며 관중들은 조금 불안해지곤

---

* 김태완 대신 대주자 추승우로 교체된 상황이었다.

했다. 게다가 엉거주춤한 걸음걸이로 19번 배번을 단 임경완이 등장하는 모습을 보게 되면 영락없이 '아~ 오늘도 졌구나'라는 생각을 하게 되었다.

2008년 당시 제리 로이스터 감독은 '롯데 마무리는 임경완'이라 철저한 믿음을 팬들에게 주었지만, 팬들에게는 임경완이 등장했던 경기 기사 댓글에 "임작가는 집에 가서 소설이나 써라."라고 쓰기 바빴다. 그 후 임경완의 구위가 아무리 좋아도, 승부처에서 철벽 마무리의 모습을 보였어도, 드라마틱한 패배의 주인공이란 멍에를 벗긴 힘들었다.

⚾ 브랜드 이미지는 돋을새김

필립 코틀러는 『마케팅 A To Z』 책에서 브랜드에 대해 이렇게 이야기 했다.

"모든 것이 브랜드가 된다. 코카콜라나 페덱스, 포르셰, 뉴욕시티, 미국, 마돈나는 물론이고 당신도, 바로 당신도 브랜드가 된다! 브랜드란 의미와 연관성을 지닌 일체의 라벨을 의미한다. 그러나 탁월한 브랜드는 거기에 머물지 않는다. 브랜드는 특정 제품이나 서비스를 부각시키고 또 많은 사람의 반향을 자아낸다."

한 번 브랜드가 각인이 되면 그 이미지를 바꾸기는 상당히 힘들다. 임경완과 오승환이 100% 똑같은 구속의 직구를 던졌다 할지라도, 상대 타자는 임경완의 공을 쳐낼 확률이 높다. 이미 그 타자의 마음에는 임경완의 '작가' 이미지와 오승환의 '철벽마무리' 이미지가 각인되어 있어, '임경완의 공은 치기 쉽고 오승환의 공은 치기 어렵다.'라는 선입견이 작용하기 때문이다.

1980년대 펩시는 고객을 대상으로 블라인드 테스트를 했다. 당시 펩시는 코카콜라에 비해 맛있는 데도 불구하고 시장점유율에선 늘 코카콜라에 뒤쳐졌다. 그래서 정면돌파를 시도한 것이었다. 블라인드 테스트의 결과 고객들은 '코카콜라'보다 '펩시'의 맛에 손을 들어주었다. 펩시는 이를 광고에 활용했다.

이에 위기를 느낀 코카콜라는 펩시와 맛이 비슷한 음료인 '뉴코크'를 출시하기로 계획하였다. 펩시와 마찬가지로 블라인드 테스트를 실시하였는데, 이번에 고객들은 펩시보다는 뉴코크의 손을 들어주었다. 이에 자신감을 얻은 코카콜라는 뉴코크를 출시하였다. 결과는 참패였다. 고객이 코카콜라를 마시는 이유가 단지 '맛' 때문이라고 착각했던 것이 가장 큰 실패 원인이었다. 결국 코카콜라는 뉴코크 출시 3개월 만에 원래 코카콜라를 출시했다.

코카콜라 브랜드가 지금까지 유지되는 것은 "코카콜라 맛의 비결은 세계에서 단 두 명만 알고 있다."는 제조법의 비밀이 큰 역할을 했다. 이 신비함은 코카콜라의 큰 자산이다. 고객들은

코카콜라를 브랜드 인지도 1위에 올려놓았던 병

단순히 콜라의 맛만 소비하는 것이 아니라 코카콜라의 이미지가 담긴 음료를 소비하고 있는 것이다. 신경과학자 리드 몬타규는 67명에게 콜라를 마시게 한 뒤 뇌 MRI를 촬영했다. 상표를 모를 때는 코카콜라와 펩시콜라 모두 같은 부분이 활성화되었는데, 상표를 알려준 후 코카콜라를 마실 때 측중격핵과 복내측 전전두엽부분*이 활성화되는 것을 발견했다. 펩시를 마실 때는 활성화되지 않던 뇌의 부분이 코카콜라를 마실 때는 활성화된다니 대단한 브랜드가 아닌가! 이를 간과했던 뉴코크의 출시는 당연히 실패할 수밖에 없는 브랜드였다.

뉴코크와 더불어 브랜드 실패 사례로 꼽히는 대표적인 것이 '거버 싱글즈'이다. 거버는 성인 시장에 진입을 시도하면서 싱글족을 겨냥했다. 싱글족은 상대적으로 과일이나 야채를 챙겨먹기가 힘들 것이니 자신들의 간편한 '거버 싱글즈'를 사먹게 될 것이란 계산이었다. 하지만 결과는 참패였다. 그 이유는 거버가 이유식 전문 브랜드라는 점에 있었다. 어떤 소

왼쪽은 거버 유아식, 오른쪽은 거버 싱글즈(출처: www.gerber.com)

* 인간의 의사결정을 담당하는 조직

비자는 '거버 싱글즈'를 보는 순간 '싱글이라서 외톨이이며 내 식사는 유아식'이라는 생각까지 든다고 했다. 소비자들에게 거버는 이미 이유식 전문 브랜드로 각인된 상태이고 성인 브랜드를 만들었다는 것이 잘 받아들여지지 않았던 것이다. 게다가 포장된 용기가 유아용과 다를 바 없었으니 새로운 이미지를 떠올리기는 더더욱 힘들었다.

돋을새김을 오목새김으로 바꾸는 것은 끊임없는 노력

한 번 굳어진 브랜드 이미지는 바꾸기 힘든 것이 사실이다. 하지만 2008년의 임작가와 지금의 임작가는 더 이상 같은 작가가 아니다. 임경완은 새드앤딩 작가라는 오명을 씻고, 해피앤딩 작가로 거듭나고 있다. 도저히 벗겨질 것 같지 않던 임작가의 주홍글씨도 임경완의 땀방울로 지워지고 있다.

브랜드 이미지도 사람처럼 나이를 먹는다. 시대의 흐름에 따라 최첨단 브랜드가 늙은 브랜드로 전락하기도 하고, 촌스러움의 대명사라고 여겼던 브랜드가 유행을 선도하는 브랜드로 바뀌어 있기도 한다.

라코스테는 1980년대까지는 프레피* 패션의 선두주자였다. 하지만

---
* 미국 동부 명문 사립고등학교의 학생들이 즐겨입는 심플하고 클래식한 복장

1990년대에 들어서면서 사람들은 라코스테를 유행에 뒤처지는 브랜드라고 생각하기 시작했다. 라코스테는 이를 극복하고자 백화점과 할인점 판매를 중단하고 유행을 선도하는 소규모 의류 전문점만 운영했다. 동시에 유명인사와 연예인들에게 선물을 하여 '유행 선도자들이 입는 옷'이라는 브랜드 이미지로 재정립되도록 노력했다. 결과적으로 라코스테는 핵심 브랜드 아이덴티티를 보호하고 이미지를 제고하는 데 성공하였다.

네스프레소 광고의 조지클루니

세계적인 커피브랜드인 네스프레소는 고객에게 브랜드 성장과정을 공유하고 참여를 유도하며 브랜드 이미지를 굳건히 하고 있다. 조지클루니가 등장하는 네스프레소 커피머신 광고는 네스프레소 클럽을 대상으로 설문조사를 통해 광고모델을 선정하였다. 이 광고 이후 네스프레소는 유럽지역에서 브랜드 인지도가 80%나 올랐다. 이런 성공적인 반응은 광고 모델이 조지클루니였기 때문에 얻어진 효과도 있겠지만 고객들이 브랜드를 함께 만들어 간다는 공감대를 형성했기 때문이다.

브랜드 이미지를 제고하는 데 가장 중요한 것은 '핵심'이 무엇인가 하는 점이다. 만약, 임경완이 자신의 주무기인 싱커Sinker●를 버리고 빠른 구속으로 타자를 압도하는 마무리투수로 브랜딩한다고 하면 성공할 확률이 높지 않을 것임은 자명하다.

● 빠르게 날아오던 볼이 타자에게 가까이 와서 급격히 가라앉는 형태의 구질

동남아 여행을 가면 한국의 이미지가 상당히 격상되어있는 것을 느낄 수 있다. 드라마로 시작된 한류열풍이 아이돌 그룹의 성공적인 진출로 이어져 한국의 이미지가 상당히 격상되어 있는 것을 피부로 느낄 수 있다. 국가경제의 파워로 치자면 일본보다 한참 뒤져 있는 한국의 이미지가 일본보다 좋다는 점은 시사하는 바가 크다. 이는 시장에서 1위를 하는 업체의 브랜드 이미지가 반드시 1위를 하는 것이 아니고 7할에 가까운 승률을 보이며 1위를 하는 SK의 브랜드 이미지가 1위가 아닌 점과 맥락을 같이 한다.

마케팅의 시작과 끝은 고객이다. 과연 고객이 우리 기업에게 무엇을 요구하는지에 늘 집중한다면, 시장점유율에서는 비록 1위를 못할지라도 브랜드 이미지로는 1위를 고수할 수 있다.

브랜드 이미지가 승부를 좌우한다

브랜딩이 소비자의 머리에 한 단어를 심기 위한 '과정'이라면 브랜드 이미지는 그 '결과'라 보면 된다. 브랜딩Branding이 동명사라면, 브랜드 이미지Brand Image는 현재완료의 의미가 있다. 다양한 마케팅 활동이 소비자에게 어떻게 보였는가 하는 결과의 문제다. 과거처럼 품질 하나만으로 승부하던 시대가 아니다. 요즘의 기업들은 품질에 대한 소비자의 요청에는 어느 정도 부응하고 있다. 소비자들은 제품 및 서비스에 의미를 담으려 하고 감정적인 소비 활동을 하며 소비를 통해 자신의 모습까지도 표현하려고 한다. 그래서 지금의 기업들은 브랜드 전략에 집중하는 것이다.

휴대폰의 경우 삼성전자라고 하기보다 '애니콜', 애플을 떠올리기 전에 '아이폰'이라 불린다. 냉장고 역시 '삼성전자 냉장고'라고 불리는 게 아니라 '지펠', 'LG전자 냉장고'가 아닌 '디오스'라고 먼저 떠올리게 된다. 다시 말해 이제는 생산하는 기업의 이름보다는 브랜드가 소비자에게 더욱 인식되며, 브랜드의 성공 여부가 기업의 성패를 좌우한다.

오늘날 소비자는 브랜드의 이미지 쪽을 선호하는 경향이 점점 강해지는 것으로 나타난다. 문제는 이 브랜드 이미지를 제대로 구축한다는 것이 매우 어렵다는 것이다. 움프쿠아 은행이 일상적이고 전형적인 은행의 모습에서 지금의 차별화된 이미지를 갖기까지는 10년이 넘게 걸렸다. CEO 레이 데이비스 행장의 머릿속에 있는 은행에 대한 생각이 이미지로 드러나게 도움을 준 곳이 제휴 디자인을 맡은 Ziba라는 회사다. 즉 탁월한 경영인의 생각을 Ziba에서 형상화하고 이미지화했던 것이다. 그들은 지역은행으로서 지역민들에 착한 이미지를 보여주기 위해 지금도 노력하고 있다. 그들의 마케팅 슬로건은 '악수^{Handshaking}'다. 지역사회와 악수하는 마케팅을 하겠다고 약속한 것이다. 그리고 기업의 문화, 지역 공헌 활동, 연수 및 지점 운영 등 모든 영역에서 그 일관성과 연속성을 유지해내고 있다.

브랜드 이미지란 한 천재의 머리나 감각 있는 디자인 회사의 실력만으로 되는 것이 아니다. 3P가 필요하다. Promise, People, Process.